马克思主义简明读本

中国特色社会主义道路

丛书主编：韩喜平

本书著者：陈 茉

编 委 会：韩喜平　邵彦敏　吴宏政
　　　　　王为全　罗克全　张中国
　　　　　王 颖　石 英　里光年

吉林出版集团股份有限公司

图书在版编目（CIP）数据

中国特色社会主义道路 / 陈茉著. -- 长春：吉林出版集团股份有限公司，2014.4（2021.2重印）

（马克思主义简明读本）

ISBN 978-7-5534-2616-7

Ⅰ.①中… Ⅱ.①陈… Ⅲ.①中国特色社会主义—社会主义建设模式—研究 Ⅳ.①D616

中国版本图书馆CIP数据核字（2013）第174281号

中国特色社会主义道路
ZHONGGUO TESE SHEHUI ZHUYI DAOLU

丛书主编：	韩喜平
本书著者：	陈 茉
项目策划：	周海英　耿　宏
项目负责：	周海英　耿　宏　宫志伟
责任编辑：	宫志伟
出　　版：	吉林出版集团股份有限公司
发　　行：	吉林出版集团社科图书有限公司
电　　话：	0431-81629720
印　　刷：	永清县晔盛亚胶印有限公司
开　　本：	710mm×960mm　1/16
字　　数：	100千字
印　　张：	12
版　　次：	2014年4月第1版
印　　次：	2021年2月第4次印刷
书　　号：	ISBN 978-7-5534-2616-7
定　　价：	36.00元

如发现印装质量问题，影响阅读，请与出版方联系调换。

序　言

　　习近平总书记指出，青年最富有朝气、最富有梦想，青年兴则国家兴，青年强则国家强。青年是民族的未来，"中国梦"是我们的，更是青年一代的，实现中华民族伟大复兴的"中国梦"需要依靠广大青年的不断努力。

　　要提高青年人的理论素养。理论是科学化、系统化、观念化的复杂知识体系，也是认识问题、分析问题、解决问题的思想方法和工作方法。青年正处于世界观、方法论形成的关键时期，特别是在知识爆炸、文化快餐消费盛行的今天，如果能够静下心来学习一点理论知识，对于提高他们分析问题、辨别是非的能力有着很大的帮助。

　　要提高青年人的政治理论素养。青年是祖国的未来，是社会主义的建设者和接班人。党的十八大报告指出，回首近代以来中国波澜壮阔的历史，展望中华民族充满希望的未来，我们得出一个坚定的结论——实现中华民族伟大复兴，必须坚定不移地走中国特色社会主义道路。要建立青年人对中国特色社会主义的道路自信、理论自信、制度自信，就必须要对他们进行马克思主义理论教育，特别是中国特色社会主义理论体系教育。

要提高青年人的创新能力。创新是推动民族进步和社会发展的不竭动力，培养青年人的创新能力是全社会的重要职责。但创新从来都是继承与发展的统一，它需要知识的积淀，需要理论素养的提升。马克思主义理论是人类社会最为重大的理论创新，系统地学习马克思主义理论有助于青年人创新能力的提升。

要培养青年人的远大志向。"一个民族只有拥有那些关注天空的人，这个民族才有希望。如果一个民族只是关心眼下脚下的事情，这个民族是没有未来的。"马克思主义是关注人类自由与解放的理论，是胸怀世界、关注人类的理论，青年人志存高远，奋发有为，应该学会用马克思主义理论武装自己，胸怀世界，关注人类。

正是基于以上几点考虑，我们编写了这套《马克思主义简明读本》系列丛书，以便更全面地展示马克思主义理论基础知识。希望青年朋友们通过学习，能够切实收到成效。

韩喜平

2013年8月

目 录

引 言 / 001

第一章　中国特色社会主义道路的探索 / 004

　　第一节　历史的选择 / 006

　　第二节　道路的探索 / 012

第二章　中国特色社会主义道路的科学内涵 / 024

　　第一节　中国特色社会主义道路的确立基础 / 025

　　第二节　中国特色社会主义道路的总体布局 / 063

　　第三节　中国特色社会主义道路的奋斗目标 / 094

　　第四节　中国特色社会主义道路的四大特色 / 122

第三章　坚定中国特色社会主义道路 / 132

　　第一节　坚定中国特色社会主义道路的基本要求 / 132

　　第二节　中国特色社会主义道路与"中国梦" / 152

结束语 / 183

参考文献 / 185

引　言

中国特色社会主义是指引当代中国发展进步的根本方向，只有中国特色社会主义才能发展中国，领导中国人民走上现代化的道路。

中国特色社会主义是近代中国历史发展的必然选择和唯一道路，它汇聚着一代又一代中国共产党人领导中国人民勇于探索、不断实践的智慧和心血，寄托着无数革命先驱、爱国人士追求国家独立自主、繁荣富强的梦想。科学社会主义的理论和实践一再向世人表明，马克思主义的政党带领人民取得革命的胜利、掌握了国家政权以后，必须要确立适合本国国情、本国特点的社会主义建设道路。九十多年来，中国共产党始终坚持把马克思主义的基本原理同中国的实际和所处时代的特征相结合，始终坚持独立自主，走自己的路，期间虽然历经艰难困苦，甚至付出惨痛代价，但最终取得了新民主主义革命和社会主义革命的胜利，成功地走上了改革开放这一新的伟大革命征途，经过长期不懈奋斗，开辟了中国特色社会主义道路，形成了中国特色社会主义理论体系，确立了中国特色社会主义制度。创立中国特色社会主义，从根本上改变了中国人民和中华民族的前途命运。

　　三十多年来，中国特色社会主义的伟大实践，使我国快速发展强大起来，我国人民生活水平大幅提高，我国人民幸福指数不断上升，中华民族顺应时代前进潮流、迎接伟大复兴的美好前景，创造了中国历史上乃至世界历史上的发展奇迹，为世界的和平发展和全人类的文明进步作出了巨大贡献。在国际局势不断变化、各种危机与挑战并存的严峻考验中，中国特色社会主义都彰显了巨大的优越性、强大的生命力和深远的影响力。在当代中国，只有中国特色社会主义而没有别的什么主义能够发展中国、造福人民、振兴中华；能够有效解决我国发展面临的突出矛盾和问题，推动经济社会全面协调可持续地科学发展；能够成功应对前进道路上来自各个领域的风险和挑战，确保党和国家事业破浪前进；能够凝聚党心军心民心，团结全国各族人民为实现中华民族的伟大复兴而共同奋斗。

中国特色社会主义坚持了科学社会主义的基本原则，同时根据我国的实际和时代的特征赋予其鲜明特色，因而能够引领当代中国的发展进步。中国特色社会主义道路，在广大中国人民勇往直前的伟大实践中，既传承着中华民族的历史文化传统，又能顺应时代发展进步的要求，及时开创和谱写新的理论篇章，体现了新时期全体人民的共同愿望，因而具有鲜明的实践特色、理论特色、民族特色、时代特色，能够始终保持蓬勃生机和旺盛活力，始终指引着当代中国发展前进的根本方向，是实现民族繁荣复兴、国家民主富强、社会安定和谐、人民生活幸福的根本途径。

第一章 中国特色社会主义道路的探索

在中华民族的历史长河中,勤劳勇敢的中华儿女曾创造了无数的辉煌。但随着资本主义在欧洲的兴起,古老的中国不仅淡出了世界舞台的中央,而且在资本主义国家的坚船利炮下备受欺辱。虽然自强自立的中华民族奋勇抗击,无奈腐朽软弱的封建王朝却难堪大任。中华民族重振民族之威、实现民族复兴的梦想好像还很遥远。世界历史的进程也明确告诉我们:民族独立、主权完整是任何国家和民族发展壮大或实现复兴的必备条件,不具备这样的条件,再美妙的梦想都只是海市蜃楼。

实现中华民族的伟大复兴是无数仁人志士的不懈追求,更是中国共产党的责任和使命。历史已经证明:要实现民族复兴,必须有先进理论作指导、先进的力量为动力、科学远大的目标为方向。在民族生死存亡的危急关头,中国共产党挺身而出，把马克思主义与中国的实际结合起来，重新开启了民族复兴之路。新民主主义革命，实现了民族的独立和人民的解放；社会主义革命，初步探索了实现民族复兴之路。虽然艰辛困苦、荆棘载途，但这个艰苦的历程还是为新时期的中国特色社会主义提供了可贵经验、理论基础、物质条件。

中国特色社会主义道路的建立，为实现中华民族伟大复兴的梦想铺设了一条成功之路。以邓小平、江泽民、胡锦涛、习近平为代表的新时代的共产党人，果敢地承担起这个使命和任务，以高昂的斗志和无畏的精神开辟、坚持和发展了中国特色社会主义道路。中华民族伟大复兴的梦想因有此路而一片坦途。十一届三中全会以来，在中国特色社会主义道路上，我们以改革为动力，以发展为主题，不断解放和发展生产力，取得了一个又一个的丰硕成果，我们正在向中华民族伟大复兴的梦想大踏步地迈进。正如习近平总书记所说的那样："现在，我们比历史上任何时期都更接近中华民族伟大复兴的目标，比历史上任何时期都更有信心、有能力实现这个目标。"

第一节 历史的选择

一、历史的重任

中华民族历史悠久，几千年来中华儿女用自己的勤劳和智慧，创造了灿烂的中华文明，积淀了厚重的中华文化。在很长的一段历史岁月里，博大精深的中华物质文明和精神文明都处于世界领先的地位。中国的封建统治者们为此骄傲不已，沾沾自喜，内心陶醉于天朝大国的辉煌，盲目地以世界中心自居。然而，历史发展的脚步不会为任何人停留。从17世纪中叶开始，欧洲的一些国家先后确立了资本主义的生产方式，相比中国封建社会的农业生产已是先进；18世纪60年代，欧洲开展了具有划时代意义的工业革命，以此作为社会发展的基础和动力，建立了先进的工业和技术体系。欧洲发展起来了，一些国家开始野心勃勃地扩张势力，迫不及待地掠夺资源。这一时期的中国，清王朝的统治者还在幽闭的紫禁城里安然度日，自我封闭，拒绝一切先进的思想和科学技术。他们不知道，中国已经被先进的工业文明远远甩在了后面，大清也将成为中国最后一个封建王朝。

衰落的中华文明孤立无助，在前方等待它的是被动挨打的凄惨命运。19世纪中叶，不断向外扩张的英国，用鸦片和炮舰的双重武器，打开了中国闭关自守的大门。突发的外来因素打断了中国社会发展的正常进程，中国自给自足的自然经济的基础被破坏了。1840年鸦片战争以后，西方资本主义的侵入在很大程度上分解了中国社会的经济，中国从一个独立的封建国家开始逐步沦为半殖民地半封建国家。急于自保的中国封建统治者们同帝国主义入侵者们勾结在一起，狼狈为奸，对中国人民进行联合压迫，封建主义和帝国主义严重地阻碍了中国社会的发展和进步，带来沉重的民族灾难和无尽的人民痛苦。中华民族极度屈辱，沦落进苦难的深渊。

近代中国社会的两大主要矛盾就是：帝国主义同中华民族的矛盾以及封建主义同人民大众的矛盾，这就决定了近代中国社会革命的主要任务是反帝反封建。20世纪，中国最初的革命领导者是新兴的民族资产阶级，民族资产阶级在中国社会困难重重的情况下产生，经过逐步发展成为一支新生的革命力量，为中国反帝反封建的资产阶级民族民主革命带来了新的气象。1911年10月，辛亥革命爆发。1912年1月1日，中华民国宣告成立。辛亥革命推翻了清王朝，结束了统治中国几千年的封建专制制度，解放了国民的思想，使民主共和的观念深入人心，为落后的中国社会打开了通往发展进步的大门，并为以后的革命斗争主要是中国共产党领导的新民主主义革命开辟了道路。因而，民族资产阶级领导的辛亥革命是更具完全意义的近代民族民主革命。

二、光明的使者

辛亥革命最终以同旧的反动势力的妥协而告终。辛亥革命后，不仅没有削弱帝国主义在中国的势力，封建势力在中国也依旧根深蒂固。中华民族面临的反帝反封建的两大历史任务没有从根本上得以解决，中国人民依然陷于苦难的深渊之中。从未能完成革命任务的意义上说，辛亥革命失败了。但是中国的先进分子不屈不挠，奋勇前进，从辛亥革命失败的教训中，获得深刻的启发，他们开始探寻新的救国救民的道路。

1915年9月，陈独秀在上海创办的《青年》杂志，后来改名为《新青年》，为在黑夜中前行的中国人民带来理论的光明，掀起了一场空前的新文化运动的高潮。新文化运动被后人视为近代中国社会的思想启蒙运动。它使中国的先进分子特别是青年知识分子冲出了统治人们几千年的封建传统思想的牢笼，提高了民主主义思想觉悟，唤起他们对民族命运的关心和继续追求救国真理的热情。这场运动，呼唤着新的革命风暴的到来。

1914年爆发了第一次世界大战，帝国主义国家为争夺势力范围大打出手。在帝国主义列强争斗不休之际，列宁于1917年领导俄国人民进行了十月革命，建立了世界上第一个社会主义国家，使社会主义从理论转入实践，开创了人类历史的新纪元。十月革命的胜利是社会主义革命的伟大胜利，对近代中国革命产生了划时代意义的影响，让正处在黑暗和苦闷中的中国人民找到了新的出路，看到了光明的前景。

1919年，中国作为在第一次世界大战中的战胜国参加了巴黎和会。会议在帝国主义战胜国的操纵下进行，根本不顾中国人民的合理要求、不顾属于战胜国的中国的合法权益，规定将战败国德国在中国山东的一切特权转让给日本。巴黎和会关于山东问题的无理决定传到国内,极大地激起全国各族人民的强烈愤怒。1919年5月4日,以北京爱国学生的集会斗争为先导的五四运动爆发了。随后,中国工人阶级组织了轰轰烈烈的政治大罢工,进行了反帝爱国的斗争。五四运动是中国近代史上第一次全国规模的反帝爱国民主运动,是中国新民主主义革命的开端。

五四运动极大地促进了马克思主义在中国的传播。中国的先进分子从巴黎和会血淋淋的教训中,看清了帝国主义列强联合起来剥削压迫中国人民的真面目。此时,马克思主义理论以其革命性、先进性和科学性吸引了中国的先进分子。中国的先进分子将马克思主义和之前的各种主义进行反复比较,深思熟虑后,他们最终选择了科学社会主义学说,并确立了马克思主义信仰。五四运动后,新文化运动有了先进的思想理论武器指导,马克思主义成为中国革命的指导思想。

三、救星的问世

中国共产党的诞生,是马克思列宁主义同中国工人运动相结合的产物。自从马克思主义进入中国,就在中国大地上开始了广泛的传播，并与我国的工人运动相结合，使我国的工人运动由自发转为自觉，中国出现了一大批接受马克思主义的先进知识分子。种种情况表明，我们要尽快建立新型的马克思主义工人阶级政党。

1921年7月23日，中国共产党第一次全国代表大会在上海召开。参加会议的各地代表分别是：李达、李汉俊、张国焘、刘仁静、毛泽东、何叔衡、董必武、陈潭秋、王尽美、邓恩铭、陈公博、周佛海等，他们代表着全国50多名共产党员。共产国际的代表马林和尼科尔斯基也列席会议。

党的一大确定党的名称为"中国共产党"，党的一大的召开标志着中国共产党的正式成立，一个全新的革命领导力量诞生了。从此，中国工人阶级有了以科学的马克思列宁主义武装起来的、统一的和唯一的政党。

中国共产党的成立，是近代以来中国社会开天辟地的大事件，它顺应了社会进步和革命发展的客观需要，是历史的选择、人民的选择。中国共产党的成立，让处于水深火热中的中国人民看到了光明和希望。中国共产党自成立之日起，就以争取民族独立和人民解放为己任，以实现国家的繁荣强盛和人民的共同富裕为自己的奋斗目标，直面困难、迎接挑战、不懈努力拼搏。中国共产党的成立，使得中国革命的面目焕然一新。

第二节　道路的探索

一、艰辛探索

1949年10月，新中国成立。如何在生产力发展水平十分落后的中国建设社会主义？这是中国共产党面临的全新考验。在当时国内外形势下，中国共产党别无选择地运用了苏联模式，采取了计划经济体制。这种模式在当时发挥了积极的作用，特别是对集中力量优先发展重工业、奠定新中国工业的初步基础具有重要的意义。但是，苏联模式毕竟不是尽善尽美的，更不是为新中国度身订做的。很快，中国共产党发现这个模式的局限。20世纪50年代中期，在社会主义改造基本完成、大规模的社会主义建设刚刚开始的时候，以毛泽东为代表的中国共产党第一代领导集体直面"如何建设社会主义"的问题，创造性地提出了以苏联经验为借鉴、走中国自己的社会主义建设道路的新思想。

1956年4月，毛泽东在政治局扩大会议上作了《论十大关系》的报告。报告强调要调动国内外的一切积极因素，为社会主义现代化事业服务。报告鉴于苏联重视重工业，忽视农业、轻工业，造成农轻重发展不平衡的教训，论述了十个问题，以苏联经验为借鉴总结了我国经济建设的经验。报告初步提出了中国社会主义经济建设、政治建设的若干新方针。在这次会议上还提出了我国要在科学文化工作中实行"百花齐放，百家争鸣"的方针，要充分调动知识分子的积极性。

1956年9月，召开了中国共产党第八次全国代表大会。这次大会正确地分析了国内外形势的变化和国内主要矛盾的变化，明确指出：社会主义改造已取得决定性的胜利，我国无产阶级同资产阶级之间的矛盾已经基本上解决，现在国内的主要矛盾是人民要求建立先进的工业国同落后的农业国的现实之间的矛盾，是人民对于经济文化发展的需要同当前经济文化不能满足人民需要的状况之间的矛盾。党要集中力量解决这个矛盾，尽快地使我国从落后的农业国变为先进的工业国。

八大还确定了我国经济、政治、文化等方面的工作方针。在经济建设方面，强调要从我国的实际状况出发，在综合平衡中稳步前进。在管理体制方面，强调调整一些经济管理体制，适当扩大地方管理权限。在政治关系方面，强调建立健全社会主义法制，进一步扩大国家的民主政治生活；坚持中国共产党领导的多党合作和统一战线。在科学文化建设方面，努力发展社会主义的民族的新文化。在对外政策方面，坚持和平共处五项原则为基础的外交政策。大会还提出了加强党的建设，发扬党的群众路线的优良传统，强调对党组织和党员的监督，发扬党内民主，反对个人崇拜。

八大制定的关于我国发展的路线基本是正确的，提出了许多富于创造精神的新方针和新设想。这次会议是对我国建设自己的社会主义道路的有益探索，取得了初步的成果，为社会主义事业的发展指明了方向，具有深远的历史意义。

从新中国成立到1978年前的30年，是中国共产党团结领导中国人民全力进行社会主义建设的历史时期。在这一时期，中国建立了独立的比较完整的工业体系和国民经济体系，在经济、政治和科技等很多领域都取得了巨大成就，为社会主义中国的发展奠定了初步的基础。

但由于认识和实践的局限，中国共产党曾提出"大跃进"、"人民公社化"及"跑步进入共产主义"等政策和口号，脱离了实际，超越了阶段，甚至发生了"文化大革命"这样全局性、长期性的严重错误。

"大跃进"运动从1957年底开始，在1958年全面展开。"大跃进"的发动，表明党试图在探索建设中国的社会主义道路中开创一个新的局面，反映了中国人民获得解放之后求富求强的强烈愿望。新中国成立后，中国人民用短短几年使社会主义改造基本完成，使得人们相信中国可以在一个较短的时间内实现富强的目标。

1958年5月，召开了党的八大二次会议，提出"鼓足干劲、力争上游、多快好省地建设社会主义"的总路线。这条总路线是在急于求成的思想指导下制定的，忽视了经济建设所必须遵循的客观规律，片面强调经济建设发展的高速度。会后，"大跃进"运动在全国范围内开展起来。"大跃进"在工业方面强调钢产量指标的不断提高，在农业上对农作物的产量估计浮夸造假，主观地认为公有化程度越高、农业合作社的规模越大，就越能促进生产。而在实际上，农业合作社的推广使农村生产力遭到严重破坏。

"大跃进"和人民公社化运动,是党在探索建设社会主义道路进程中的一次严重失误。反映了全党普遍缺乏领导大规模经济建设的经验。

"文化大革命"是一场由党的领导者错误发动,被反革命集团加以利用,给党、国家和全国各族人民带来严重灾难的内乱。在这场所谓的"大革命"中,大批的干部和群众受到诬陷和迫害,党和国家的各级机关长期陷于瘫痪和不正常状态,社会秩序被搞得一团混乱,国民经济发展缓慢,人民生活水平基本上没有提高,有些方面甚至有所下降。

自20世纪70年代起,国际局势渐趋缓和,世界许多国家进入经济起飞时期,开始持续发展。但是,由于"文化大革命"的影响,在这十年间,我国国民收入损失达五千亿元。中国失去了一次发展机遇,不但没有缩小与发达国家相比已有的差距,反而拉大了差距。

史无前例的"文化大革命"给我们的国家、社会和人民的生活造成巨大破坏,留下深刻的教训,中国共产党和中国人民永远不应重犯这类错误。"文化大革命"从反面为党探索建设有中国特色社会主义的道路提供了历史借鉴。正如邓小平指出的：“我们根本否定'文化大革命'，但应该说'文化大革命'也有一'功'，它提供了反面教训。没有'文化大革命'的教训，就不可能制定十一届三中全会以来的思想、政治、组织路线和一系列政策。”

在探索社会主义建设的历程中，中国共产党遭到严重挫折。艰辛的探索，为新时期开创中国特色社会主义提供了经验总结、理论准备和物质基础。

二、道路确立

1976年，历经十年的"文化大革命"结束了。这场灾难的终结，使中国大地获得了有利的发展契机。但是，十年浩劫遗留的后果十分严重，这场内乱造成我国政治上、思想上的混乱，在短期内是很不容易消除的。尤其让人们感到失望的是，1977年2月7日，《人民日报》发表社论提出"两个凡是"的方针，即："凡是毛主席作出的决策，我们都坚决维护，凡是毛主席的指示，我们都始终不渝地遵循。"这种对领导人个人的决策和指示绝对执行、拒绝作任何分析判断的主张，说明我国长期以来"左"的指导思想还未从根本上改变。

这样,在"文化大革命"结束后的两年间,党和国家的工作虽然有所前进,但中国社会却并没有发生较大的改变。国家经济建设停滞不前,在政治上推行"两个凡是"的主张,没有在指导思想上彻底清理"文化大革命"的错误,结果导致在前进道路上出现徘徊局面。历史和现实的要求是,我们一方面要彻底根除"文化大革命"以及长时期的"左"倾错误思想;另一方面,我们要结合中国的现实情况,探索出一条适合中国国情的发展道路,在这条道路上,我们不仅要使生产力得到极大的提高、人民生活富裕,而且要使我国的综合国力得到全面提升,步入先进国家行列。

到了1978年,徘徊中的中国人已经真切地感到,要想建设社会主义国家,谋求社会主义的发展,真正体现社会主义的优越性,必须打破固有的僵化思想,解放思想,轻装前进。1978年5月11日,《光明日报》发表了《实践是检验真理的唯一标准》一文。文章观点鲜明地提出:"社会实践不仅是检验真理的标准,而且是唯一的标准。马克思主义的理论宝库不是一堆僵死不变的教条,对禁锢人们思想的禁区,要敢于触及,弄清是非。"尽管这篇文章只是对马克思主义理论的基本常识作了阐述,但实际上却批判了"两个凡是"的观点,一场关于实践是检验真理唯一标准的大讨论轰轰烈烈地展开了。

邓小平对这场讨论给予了及时而有力的支持。邓小平还没恢复工作时就反对"两个凡是"的错误方针,提出要"用完整准确的毛泽东思想来指导我们全党、全军和全国人民"。他在1977年4月10日写给中共中央的信中明确指出:"在伟大领袖毛主席逝世的时候,我曾向中央用书面表达我内心的悲痛和深切的悼念。我们必须世世代代地高举和捍卫这面光辉伟大的旗帜,我们必须世世代代地用准确的完整的毛泽东思想来指导我们全党、全军和全国人民,把党和社会主义的事业,把国际共产主义运动的事业,胜利地推向前进。"在1978年全军政治工作会议上他再次着重阐述了毛泽东的实事求是的观点,批评了"两个凡是"的错误思想和态度。《人民日报》、《光明日报》、《解放军报》连续发表和转载《实践是检验真理的唯一标准》的文章,引发了一次全国性的思想大讨论,一些老同志也纷纷参与其中。在老一辈革命家的支持下,中央各部门、地方和军队也相继参与其中,在理论界、学术界和新闻界引起了更广泛的关注和讨论。真理标准问题已经上升到影响党和国家前途命运的政治问题。在多重力量的推动下，禁锢了人们头脑多年的"两个凡是"和"个人崇拜"思想被打破了，人们开始清醒地审视党、国家和民族的命运了。"实践是检验真理的唯一标准"的讨论深入人心，为党纠正"左"倾错误思想、重新确立实事求是的思想路线、实现我国历史性转折奠定了思想理论基础。中国人民以焕然一新的精神面貌开始迎接新的征途。

真理标准讨论促进了各条战线的拨乱反正，推动着思想解放，人们的思想空前活跃。党内开始酝酿着对我国社会主义的若干体制进行改革。

邓小平对我国社会主义发展的紧迫性和政治、经济体制存在的弊端有着很深的感受，他在最高领导层内大声呼吁："社会主义就是要加快发展生产力，要学习、引进国外先进技术和管理经验，大胆改革经济管理体制。"他还说："世界天天发生变化，新的事物不断出现，新的问题不断出现，我们关起门来不行，不动脑筋永远陷于落后不行。一定要根据现在的有利条件加速发展生产力，使人民的生活好一些。"他提出把党和国家的工作重点转移到现代化建设上来，这个意见得到了中央政治局常委的赞同。

1978年3月，邓小平又指出："独立自主不是闭关自守，自力更生不是盲目排外。""任何一个民族、一个国家，都需要学习别的民族、别的国家的长处，学习人家的先进科学技术。"于是，中国领导人开始日益关注如何学习、借鉴其他国家先进的管理经验和科学技术，以改革开放来推动我国建设步伐加快的思路日益明确。

1978年12月召开了党的十一届三中全会，在这次意义非凡的会议上，中国共产党总结了过去的经验教训，重新确立了实事求是的思想路线，彻底否定了"以阶级斗争为纲"的错误理论和实践，提出了改革开放的方针。这次会议是中国社会主义发展的重要历史转折点。

十一届三中全会以后，邓小平总结我们多年来思想僵化、固守所谓的"社会主义原则"的历史教训，经过深邃的思考，创造性地概括了社会主义的本质。他说："社会主义的本质，是解放生产力，发展生产力，消灭剥削，消除两极分化，最终达到共同富裕。"

1982年，党的十二大召开，邓小平发出响亮号召："把马克思主义的普遍真理同我国的具体实际结合起来，走自己的道路，建设有中国特色的社会主义。"从此，中国人民对社会主义的理解和认识上升到了一个新层面——中国特色社会主义；中国人民对自己在社会主义发展道路上的定位也更加务实——社会主义初级阶段。

　　1992年，在苏东剧变后全球社会主义事业陷入低谷之时，在中国"姓社姓资"何去何从的争辩之中，邓小平来到我国南方的几大经济特区进行实地考察，发表了著名的"南方谈话"。同年召开的党的十四大，以"南方谈话"为主要基调，对邓小平建设有中国特色的社会主义理论，从社会主义的发展道路、发展阶段等9个方面进行了系列概括。中国共产党和中国人民坚定了自己的方向，继续沿着中国特色社会主义道路不断前进。

　　邓小平开创了中国特色社会主义；以江泽民为核心的党的第三代中央领导集体，坚定不移，成功地把中国特色社会主义推向21世纪；新世纪新阶段，新的中央领导集体又成功地在新的历史起点上创新和发展了中国特色社会主义。

　　九十多年来，中国共产党带领中国人民完成了三件大事：新民主主义革命，实现中华民族的独立和中国人民的解放；社会主义革命，确立社会主义基本制度；改革开放，开创并发展了中国特色社会主义道路。因知其来之不易，我们倍加珍惜。因知其正确有效，我们树立起"道路自信"。今天的中国，在中国特色社会主义道路上越走越自信。在党的十八大上，中国共产党向世界宣告：中国找到"道路自信"。这条道路，引领着中国走向富强。这条道路，凝结着伟大的"中国梦"，体现着近代以来人类对社会主义的美好憧憬和不懈探索。

第二章　中国特色社会主义道路的科学内涵

中国特色社会主义道路是中国共产党和中国人民九十多年奋斗、创造、积累的根本成就之一。中国特色社会主义道路、中国特色社会主义理论体系和中国特色社会主义制度一起统一于中国特色社会主义事业的伟大实践。中国特色社会主义道路是实现中国特色社会主义事业的唯一正确途径，是党带领人民在建设中国特色社会主义伟大事业的长期实践中形成的最具鲜明的特色。

党的十八大报告在党的十七大报告的基础上对中国特色社会主义道路作了新的界定："中国特色社会主义道路，就是在中国共产党领导下，立足基本国情，以经济建设为中心，坚持四项基本原则，坚持改革开放，解放和发展社会生产力，建设社会主义市场经济、社会主义民主政治、社会主义先进文化、社会主义和谐社会、社会主义生态文明，促进人的全面发展，逐步实现全体人民共同富裕，建设富强民主文明和谐的社会主义现代化国家。"

第一节　中国特色社会主义道路的确立基础

一、中国共产党的领导

党的十八大报告强调要"确保党始终成为中国特色社会主义事业的坚强领导核心"。这既是中国共产党对巩固执政地位和提升执政能力的充分自信，更是基于中国特色社会主义实践向全国人民作出的庄严承诺。走中国特色社会主义道路，要有领路人，这个领路人就是中国共产党。没有中国共产党，就没有社会主义的新中国。没有中国共产党的领导，就没有现代中国的一切。中国共产党是中国特色社会主义事业的领导核心，中国共产党的领导是我国政治制度的护卫者，是实现中华民族伟大复兴的根本保证。

中国共产党成为中国特色社会主义事业的领导核心，是历史的选择、人民的选择，是经过长期艰苦卓绝的努力并付出巨大牺牲确立的。这一历史地位，是通过中国共产党把马克思主义基本理论同中国的具体实际相结合，融入时代的发展，创立科学的马克思主义中国化理论，制定和执行正确的路线方针政策赢得的；是通过我们党坚持不懈加强自身建设，不断解决自身存在的突出矛盾和问题，确保党始终走在时代前列赢得的；是通过广大共产党员以对人民的无限忠诚和自我牺牲精神，前赴后继、无私奉献，创造无数惊天地、泣鬼神的英雄业绩，造就无数全心全意为人民谋利益的光辉楷模赢得的。

历史已经并将继续证明，中国共产党是中国人民的主心骨，是中华民族的中流砥柱，是战胜一切艰难险阻的坚强领导核心。没有中国共产党的坚强领导，中国必将错失发展机遇；没有中国共产党的坚强领导，国家将动荡不安；没有中国共产党作为社会主义事业的坚强领导核心，中国人民将无法实现2020年全面建成小康社会的奋斗目标。

办好中国的事情、回应人民对美好生活的殷切期待、经受严峻的时代考验、全面建成小康社会，都需要中国共产党作为中国特色社会主义事业的坚强领导核心。当代中国所面临的难题更具关联性、复杂性、艰巨性，改革所触及的矛盾更加深刻，涉及的各阶层利益关系更加复杂，推进改革的阻力、风险和难度前所未有。诸如我国经济结构不合理、城乡和区域发展不平衡、自主创新能力不强、资源环境约束不断加大等问题已越来越成为我国全面建成小康社会道路上的障碍。加快转变经济发展方式，提高发展质量和效益，实现经济实实在在的发展，达成有效益、有质量、可持续的增长等一系列任务迫在眉睫。随着工业化、信息化、城镇化、市场化、国际化进程的不断加快，我国的城乡结构、就业结构、人口结构、居住结构发生了深刻变化，加强和创新社会管理服务、维护社会和谐稳定的要求更加迫切。在不断扩大对外开放，全方位、大纵深、高频度地参与国际事务和融入经济全球化的过程中，中国越发成为影响世界格局的重要力量。在国际社会各种不确定因素和欧债危机影响下，国外各种形式的保护主义纷纷抬头，我国拓展外需压力倍增，参与国际市场、资源、人才等的竞争更为激烈，统筹国内国际两个大局的任务比以往任何时候都更为艰巨。

　　马克思曾说："问题就是时代的声音。"如何处理好发展与稳定的关系，处理好对内改革与对外开放的关系，最大限度地激发社会活力，增加和谐因素，减少不和谐因素，努力营造既充满活力又和谐稳定的社会环境，实现好、维护好、发展好人民群众的切身利益，真正实现广大人民群众"学有所教、劳有所得、病有所医、老有所养、住有所居"，使改革发展成果更多更公平地惠及全体人民，是广大人民群众对执政党的殷切期待。

十八大报告适应时代要求提出的奋斗目标，就是在新的历史发展阶段，坚定不移走中国特色社会主义道路，不断丰富中国特色社会主义的实践特色、理论特色、民族特色、时代特色，到2020年"实现国内生产总值和城乡居民人均收入比2010年翻一番"，进而全面建成小康社会。十八大报告还昭示了人民生活水平全面提高的定性表征："全民受教育程度和创新人才培养水平明显提高，进入人才强国和人力资源强国行列，教育现代化基本实现。就业更加充分。收入分配差距缩小，中等收入群体持续扩大，扶贫对象大幅减少。社会保障全民覆盖，人人享有基本医疗卫生服务，住房保障体系基本形成，社会和谐稳定。"

与时俱进的中国共产党欲适应时代要求，始终成为中国特色社会主义的坚强领导核心，就应该而且必须从下述方面着力：

首先，坚持党的领导，就必须坚持立党为公、执政为民。始终不渝坚持马克思主义群众观点和党的群众路线，始终做到把人民的利益放在第一位，坚持人民的主体地位，"把实现好、维护好、发展好最广大人民根本利益作为党和国家一切工作的出发点和落脚点"。用正确的办法处理最广大人民根本利益、现阶段群众共同利益、不同群体特殊利益的关系，统筹各方面利益关系。着力解决人民最关心最直接最现实的利益问题，切实维护人民群众的经济、政治、文化、社会、生态等各方面权益。制定与群众切身利益相关的重大决策，一定要充分听取群众的意见和建议，充分考虑群众的承受能力，全面评估可能影响群众利益和社会稳定的各种问题。凡是关系群众切身利益的小事，雪中送炭的好事，打基础、利长远、惠民生的难事，都要自觉主动地办、持之以恒地办、用心用情用力地办，让群众时刻感受到党和政府的关怀。凡是涉及群众反映强烈的突出问题，都要通过强化责任、健全制度、落实到人，推动有关方面形成合力，妥善加以解决，对于损害群众利益的失职渎职和违法违纪行为，要坚决查处，绝不姑息。

其次，坚持党的领导，就必须加强和改善党的领导。党的执政地位不是一劳永逸、一成不变的，过去拥有不等于现在拥有，现在拥有不等于永远拥有。形势和任务的发展给党的领导能力和领导水平提出了新的更高要求。要改进党的领导方式和执政方式，坚持科学执政、民主执政、依法执政，坚持党总揽全局、协调各方的领导核心作用。坚持以马克思主义科学理论为指导，不断探索和遵循共产党执政规律，以科学的思想、科学的制度、科学的方式，科学制定和实施党的理论和路线方针政策，科学设计、组织、开展各项执政活动。坚持为人民执政、靠人民执政，发展中国特色社会主义民主政治，推进社会主义民主政治制度化、规范化、程序化，以民主的制度、民主的形式、民主的手段支持和保证人民当家做主，保证把人民赋予的权利真正用来为人民谋利益。坚持依法治国、建设社会主义法治国家，领导立法、带头守法、保证执法，不断推进国家经济、政治、文化、社会生活的法制化、规范化，以法治的理念、法治的体制、法治的程序保证党领导人民有效治理国家。

再次，坚持党的领导，就必须加强党的自身建设。形势的发展、事业的开拓、人民的期待、党的自身建设面临的一系列新情况新问题新挑战，都要求我们以更大的决心和勇气，兢兢业业抓党建、扎扎实实抓党建、坚持不懈抓党建。要不断加强党的执政能力建设，把握好党的先进性和纯洁性建设的主线，坚持解放思想、改革创新，坚持党要管党、从严治党，在党的思想、组织、作风、制度、反腐倡廉等方面加强建设。"把权力关进制度的笼子里"，不断增强党的"自我净化、自我完善、自我革新、自我提高能力"，努力"建设学习型、服务型、创新型的马克思主义执政党，确保党始终成为中国特色社会主义事业的坚强领导核心"。

最后，坚持党的领导，必须坚定不移地保持党同人民群众的血肉联系。中国共产党来自于人民、植根于人民、服务于人民，党的最大政治优势是密切联系群众，中国共产党当前和今后的最大危险是脱离群众。党的十八大以来，以习近平为总书记的党中央，所言所行、所作所为无不更加关乎人民的福祉，更加切合人民的期盼；所言所行、所作所为无不倡扬优良传统，坚持为民、务实、清廉；所言所行、所作所为无不密切党群关系，破除特权思想、抵制铺张浪费之风，得到了广大人民群众的拥护和支持。今后，中国共产党"必须坚持人民主体地位，更好保障人民权益，更好保证人民当家做主"，扎扎实实为群众做好事、办实事、解难事，用科学的手段推动发展，用和谐的理念改善社会、改善人民生活，提升人民的幸福指数。中国共产党所处的历史方位和执政条件、党员队伍组成结构虽然都发生了重大变化，但中国共产党除了人民群众的根本利益，没有自己的特殊利益，始终坚持为人民服务的根本宗旨，把以人为本、执政为民作为检验党一切执政活动的最高标准，始终把人民放在心中最高位置，在不断增进人民福祉中赢得人民群众真心实意的拥护和敬重。

对人民事业无限忠诚和热爱的中国共产党、执政能力和自身建设科学化水平不断提升的中国共产党，必将继续作为中国特色社会主义事业的坚强领导核心，不负光荣使命，不负人民的信任和重托，谱写中国特色社会主义事业的新篇章！

二、基本国情

经过十一届三中全会以来改革开放和现代化建设的实

践，党对于中国国情的认识更加深刻，对建设有中国特色社会主义的道路更加明确。我国的基本国情就是：我国处于并将长期处于社会主义初级阶段。在此基础上，党的十三大系统地阐明关于社会主义初级阶段的理论，明确概括了党在社会主义初级阶段的基本路线。

我国处在社会主义初级阶段的含义是：第一，我国社会已经是社会主义社会；第二，我国的社会主义社会还处在初级阶段。社会主义初级阶段是一个特定的历史时期，至少需要上百年时间，我们才能走出这个阶段。在社会主义初级阶段的主要矛盾是人民日益增长的物质文化需要同落后的社会生产之间的矛盾。在一定范围内还会存在阶级斗争，但阶级斗争已不是主要矛盾。社会主义初级阶段的主要任务是发展生产力，推进社会主义现代化建设。社会主义初级阶段理论的提出，为建设有中国特色的社会主义事业提供了有力的思想武器，这是中国共产党人对科学社会主义理论的又一重大贡献。

我们必须清醒认识和全面把握我国的基本国情。我国仍然处于社会主义初级阶段，并且将长期处于这一阶段。建设中国特色社会主义一定要从我国实际出发，这是从社会的性质和社会发展阶段上对我国国情进行的总体性和根本性的判断。社会主义初级阶段，就是社会主义的不发达阶段。众所周知，我国是在生产力相当落后的情况下进入到社会主义的，跨越了资本主义充分发展的历史过程，没有形成初步的物质积累和工业化体系，所以必须用一个相当长的历史时期去完成发达国家在资本主义条件下实现的工业化和现代化。回顾以往我国社会主义建设出现的严重失误，一个最根本的原因就是没有认清我国的基本国情，提出了一些超越社会主义初级阶段的任务和发展目标，使我们走了较大的弯路；而今我国改革开放取得巨大成功的一个根本原因就是，我们已经能够自觉地从社会主义初级阶段的实际出发，制定符合我国国情的路线方针政策。我们的战略目标是：从1956年社会主义改造基本完成，中国确立了社会主义制度，到21世纪中叶我国基本实现现代化，在这至少100年的时间里，我国都处于社会主义初级阶段。这是中国在经济文化相对落后的条件下建设社会主义现代化不可逾越的历史发展阶段。党的十三大深刻阐述了社会主义初级阶段理论，是党关于建设社会主义的又一重大理论成果。此后，党的历次代表大会都重申和强调了社会主义初级阶段问题。

同时，我们也必须清醒认识和全面把握当前我国发展的阶段性特征。社会发展是一个螺旋式上升的过程，从量变到质变、再从质变到新的量变，在不同历史时期社会呈现出不同的阶段性特征。至少历经上百年时间的我国社会主义初级阶段，在发展的过程中也会面临不同的困难和挑战，在其不同发展时期也会呈现与其相适应的不同特征。只有准确把握社会发展阶段性特征的原则，科学认清我国发展的阶段性特征，才能更好地立足于我国国情，制定正确的路线方针政策，推动国民经济又好又快发展。

社会主义初级阶段基本国情与我国发展的阶段性特征是辩证统一的关系，有机统一于发展中国特色社会主义新的伟大实践。我们要深刻认识和全面把握这一点，因其深刻揭示了阶段性特征与基本国情之间的内在联系，进一步深化了我们对中国特色社会主义建设规律的认识，为我们在新的历史起点上更好地坚持党的基本理论、基本路线、基本纲领和深入贯彻落实科学发展观提供了理论和实践基础。我们要坚定信念、增加自觉，深入贯彻落实科学发展观，坚持党的基本路线一百年不动摇。

经过新中国成立以来特别是改革开放以来党和全国人民的不懈努力奋斗，我国的经济、社会发展取得了举世瞩目的伟大成就，摘掉了贫穷落后的帽子，但人口多、底子薄，发展不平衡，仍然是我国的基本国情——我国还没有走出社会主义初级阶段，仍处于并将长期处于社会主义初级阶段。特别是当前我国发展呈现出不少新情况新变化。我国经济总量已经跃居世界第二，但人均国内生产总值仍排在世界第90位左右；经济持续快速发展，但发展中不平衡、不协调、不可持续问题依然突出，转变经济发展方式和深化改革任重道远；农业基础依然薄弱、农村发展相对滞后、农民增收困难，工业大而不强，劳动力低成本优势减弱，高层次创新型人才匮乏，人口老龄化进程加速，不同居民之间收入分配差距仍然较大，关系广大群众切身利益的问题还比较多，如住房、医疗、教育、就业、社会保障、社会治安、司法公正、生态环境等，还有一部分的群众生活水平仍然不高，存在困难等。党的十八大报告对这些情况进行了概括，"我国仍处于并将长期处于社会主义初级阶段的基本国情没有变，人民日益增长的物质文化需要同落后的社会生产之间的矛盾这一社会主要矛盾没有变，我国是世界最大发展中国家的国际地位没有变"。

社会主义初级阶段是从新中国成立到本世纪中叶基本实现社会主义现代化的一个很长的历史阶段，现在我们才走了一半多的路程，未来的路任重道远。因此，正如胡锦涛在十八大报告中所指出的："在任何情况下都要牢牢把握社会主义初级阶段这个最大国情，推进任何改革发展都要牢牢立足社会主义初级阶段这个实际。"我们想问题、办事情、定政策，在任何领域任何方面推进改革的发展，都要从我国社会主义初级阶段这个最大的实际出发，做到既不超越阶段、又不落后现实，既尽力而为、又量力而行。中国特色社会主义道路是当代中国的道路，而不是别的国家的道路，必须适合中国国情。

三、"一个中心、两个基本点"

党的基本路线是党在一定历史时期指导全局的总路线、总方针、总政策，是党的指导思想和基本理论的集中体现。党的基本路线同党在一定时期的主要任务密切相连，同党的事业密切相关。毛泽东说："政策和策略是党的生命。"党的基本路线就是总的政治路线，党的政治路线决定着政策和策略。党在社会主义初级阶段的基本路线是决定党和国家前途命运的生命线，是实现科学发展的政治保证。

要走中国特色社会主义道路，就要弄清楚基本路线是什么。从改革开放之始，到党的十三大，以邓小平为核心的第二代中央领导集体带领全党制定了社会主义初级阶段的基本路线，即"领导和团结全国各族人民，以经济建设为中心，坚持四项基本原则，坚持改革开放，自力更生，艰苦创业，为把我国建设成为富强民主文明和谐的社会主义现代化国家而奋斗"。这个基本路线简要地概括为"一个中心、两个基本点"，一个中心是以经济建设为中心，两个基本点是坚持四项基本原则和坚持改革开放。

（一）以经济建设为中心是兴国之要，是我们党和国家兴旺发达和长治久安的根本要求

马克思主义认为，"生产力的发展是人类社会发展的最终决定力量。社会主义现代化必须建立在发达的生产力基础之上"。发展，首先是发展经济。国家的昌盛，人民的富裕，说到底是经济实力问题。国与国之间的竞争，归根到底体现为经济实力的竞争。经济的发展进步，能够有效增强国家的经济实

力和综合国力，显著提高人民的生活水平，保证国家的长治久安，奠定促进人的全面发展的物质基础，国家才能在多变的国际格局中占据更加有利的地位。在当代中国，关系我国发展全局的战略抉择，就是坚持科学发展。加快转变经济发展方式，也要以科学发展为主题。党执政兴国的第一要务就是发展，以经济建设为中心是我们工作的中心，其他各项工作都要服从和服务于这个中心。全党同志一定要统一思想、提高认识，全面深化经济体制改革，不断增强长期发展后劲。

现阶段，我们同发达国家相比，同远大的奋斗目标相比，同人民群众对美好生活的期待相比，还有很大差距。发展的任务还很重，发展的空间还很大，发展仍是解决我国所有问题的关键。实现全面建设小康社会的奋斗目标要靠发展，保持社会稳定、实现国家长治久安要靠发展，提高国际竞争力、掌握国际斗争主动权要靠发展，坚持和发展中国特色社会主义、实现中华民族伟大复兴也要靠发展。我们只有坚持以经济建设为中心，以发展为第一要务，认认真真搞建设，全心全意谋发展，不断增强我国的经济实力和综合国力，不断提高人民群众的生活水平，才能从根本上把握最广大人民群众的愿望，把握社会主义现代化建设的本质，把握我们党执政兴国的关键。

（二）四项基本原则是立国之本，是我们党和国家生存发展的政治基石

在社会主义现代化建设的整个过程中，必须坚持社会主义道路、坚持人民民主专政、坚持中国共产党的领导、坚持马克思列宁主义毛泽东思想这四项基本原则，反对资产阶级自由化。坚持四项基本原则是我国几十年社会主义建设基本经验的总结，是中国人民的历史选择。离开了四项基本原则，社会主义国家的根本性质和政治基础就会动摇。如果动摇了四项基本原则，我们就会在政治上迷失方向。四项基本原则是发展中国特色社会主义的政治保证、立国之本，我们必须坚定不移、始终如一地坚持。

1. 必须坚持社会主义道路

首先，只有社会主义才能救中国。自鸦片战争后，中国人民为了实现反帝反封建和带领中华民族独立富强的历史使命，进行了一场又一场不屈不挠的斗争。在这些运动中，有由中国农民领导的革命，也有由资产阶级领导的革命，但最终都以失败而告终，只有无产阶级的政党——中国共产党领导人民进行的新民主主义革命取得了胜利，建立了属于人民自己的美好家园。中国共产党领导人民在实践中不懈奋斗，努力开创建设国家和社会的崭新局面，在中国特色社会主义道路上大步向前，取得卓越成就。历史表明，只有社会主义才能解放中国，也只有社会主义才能发展中国。中国如果离开社会主义道路就会丧失我们已经拥有的一切成果。中国人民绝不允许历史倒退。

其次，社会主义的中国虽然在经济、文化、科技等方面现在还不如发达的资本主义国家，但这并不是社会主义制度造成的。这种差距和相对落后，是历史遗留下来的，是中国的封建主义和殖民的帝国主义造成的。社会主义的中国奋勇争先、锐意改革，已经大大缩短了中国同发达资本主义国家之间经济发展的差距。目前我国是世界第二大经济体，未来我们计划在本世纪中叶达到中等发达水平，用一百年左右的时间完成资本主义国家用几百年的时间才走完的发展之路。无数的事实摆在眼前，已经证明我们的发展目标既可以完成，又是大有作为的。这充分说明社会主义是先进的优越的社会制度，我们必须坚持社会主义道路。

最后，对于社会主义制度和资本主义制度孰优孰劣的比较，我们的回答非常肯定，当然是社会主义制度好。社会主义国家是以公有制作为经济基础的，社会生产是为了不断满足人民日益增长的物质文化需要，既不是为了剥削，也不存在压迫。社会成员之间在完全平等的基础上自由发展、和谐共处。因而中国人民能够拥有共同的政治经济理想、共同的社会价值取向和共同的思想道德标准，这些在资本主义社会永远不可能有。追求永恒利益和最大利益的资本主义总是充满着剥削和掠夺、经济危机、各种极端严重的犯罪、堕落、绝望等问题，难以形成共同的理想和道德。资本主义几百年的发展历史，积累了各种有益的知识和经验，甚至有很多在世界上处于领先的科学技术，这些是值得我们借鉴和学习的。我们可以有计划、有选择地引进外国的先进技术和其他对我们发展有益的东西，但是我们绝不学习和引进资本主义制度，绝不学习和引进各种腐朽落后的东西。我们要向人民特别是广大青年介绍资本主义国家中进步和有益的东西，争取为我所用；我们也要批判地吸收资本主义世界的文明成果，保证我们意识形态的先进性和纯洁性。

2. 必须坚持人民民主专政

人民民主专政就是社会主义民主，是广大工人、农民、知识分子和其他社会主义劳动者共同享受的民主，是历史上最真实最广泛的民主。没有民主就没有社会主义，也就没有社会主义现代化。正是建立了社会主义民主政治制度，中国人民才真正实现了当家做主。

坚持和完善社会主义民主是中国特色社会主义发展的重要成果和根本任务。在中国特色社会主义发展道路上，中国共产党人坚持以马克思主义为指导，结合中国国情，着眼于社会主义政治文明的新发展，以保证人民当家做主。新中国成立六十多年来，尤其是改革开放三十多年来的伟大历程有力地证明，坚定不移地坚持马克思主义的指导地位，不断完善社会主义民主政治制度，充分保障和发展人民权利，形成正确的社会价值、社会导向、社会竞争系统，是中国社会焕发出前所未有的生机与活力的根本原因。

社会主义越发展，民主也就越发展，这一点是毋庸置疑的。但是发展社会主义民主的同时，也要坚决对敌视社会主义的各种势力实行专政。目前在我国社会，仍然存在着各种反动分子，如反革命分子、恐怖分子、各种破坏社会主义秩序的刑事犯罪分子和其他坏分子、贪污盗窃投机倒把的新剥削分子，我们在短时期内不可能完全将他们消灭。同这些人的斗争虽然不同于以往历史上的阶级斗争，但其实是现阶段一种特殊形式的阶级斗争，是在社会主义条件下历史上的阶级斗争遗留的特殊形式。对这一切反社会主义的分子必须实行专政，只有对他们实行专政，才能体现对广大人民的民主。这种专政既是国内的阶级斗争，同时也是国际上不同政治信仰间的斗争，二者在实际上是不可分割的。因此，社会主义国家也必须设置常备军、公安机关、法庭、监狱等国家专政机构，以防止帝国主义、霸权主义对社会主义进行的阶级斗争和和平演变，它们的存在同社会主义的民主并不矛盾。实际上，只有坚持人民民主专政，我们才能保卫和建设社会主义。

3. 必须坚持共产党的领导

国际共产主义运动的发展历程证明了无产阶级政党对国际共产主义运动至关重要的意义。列宁领导的十月革命，更加证明了没有共产党的领导就不可能有社会主义革命，就不可能有无产阶级的政权，更不可能有社会主义的发展建设。在中国,自共产党诞生以来,几十年的风雨征程,充分证明了一个道理:只有中国共产党而没有其他任何一个政党能够做到最紧密地联系广大群众,带领人民进行革命和建设。没有中国共产党,就没有社会主义的新中国,就没有中国特色社会主义的新发展。党的领导可能也会犯错误,而且党还需要认真考虑和努力解决如何才能实施正确的和有效的领导,如何才能密切联系群众。即使这样,我们也绝不能要求削弱和取消党的领导。我们党经历过多次错误,但我们每次都是信任党、依靠党而不是离开党。今天的党中央坚持发扬党内的民主和人民民主,并且坚决改正过去所犯的错误。那种要求削弱甚至取消党的领导的做法将会导致无政府主义,瓦解和覆灭我们的社会主义事业。

4.必须坚持马列主义、毛泽东思想

中国共产党从诞生之日起,就坚持把马克思主义的基本原理同中国的具体实际相结合,在实践中丰富和发展马克思主义。党的第一代中央领导集体创立了毛泽东思想,是被实践证明了的关于中国革命和建设的正确的理论原则和经验总结,实现了马克思主义同中国实际相结合的第一次理论飞跃。十一届三中全会以后,在党领导人民进行改革开放和现代化建设的过程中，又相继创立了邓小平理论、"三个代表"重要思想和科学发展观等一系列理论，构成中国特色社会主义理论体系，是马克思主义中国化的最新理论成果，实现了马克思主义同中国实际相结合的第二次理论飞跃。

我们的事业要向前发展，首先要在理论上向前发展。新的社会主义的伟大实践，必须有崭新的思想理论作为指导。邓小平曾经说过："绝不能要求马克思为解决他去世之后上百年、几百年所产生的问题提供现成答案。"世情发生变化，世界的主题已逐渐转为和平与发展。在新的历史大背景下，我国进行改革开放和建设社会主义市场经济的新情况，都迫切需要中国共产党以巨大的马克思主义理论勇气，不断总结新的实践经验，作出新的理论概括。实践没有止境，理论的创新也没有止境。中国特色社会主义理论是一个完整的新的理论体系，是马克思主义在当代中国的新发展，开辟了马克思主义在当代中国的新境界。

毛泽东思想和中国特色社会主义理论体系都源于马克思主义理论，都是马克思主义在中国的新发展，它们之间是一脉相承的理论篇章，是继承与发展的关系。因此，在当今中国，坚持中国特色社会主义理论体系就是坚持马列主义、毛泽东思想。中国特色社会主义理论体系是当代中国共产党人对马克思主义的创造性运用和发展。

（三）改革开放是我们党和国家发展进步的活力之源

党的十八大报告提出："必须坚持推进改革开放。"要从根本上改革束缚生产力发展的经济体制，坚持和完善社会主义市场经济体制。与此相适应，要进行政治体制改革和其他领域的改革。要坚持对外开放的基本国策，吸收和借鉴人类社会创造的一切文明成果。改革开放应当大胆探索，勇于开拓，提高改革决策的科学性，增强改革措施的协调性，在实践中开创新路。① 社会主义社会是不断改革的社会，正如恩格斯所说，社会主义社会"不是一种一成不变的东西，而是应当和任何其他社会制度一样，把它看成是经常变化和改革的社会"。

党的十一届三中全会是一次具有里程碑意义的大会。在这次会议上，党作出了实行改革开放的历史性决策，拉开了改革开放的序幕，被视为改革开放的起点。三十多年来，我们的党

---

① 《中国共产党章程》（中国共产党第十八次全国代表大会部分修改2012年11月14日通过），《前进》2012年版，第25页。

带领我们的人民"摸着石头过河"、"杀出一条血路",在国际局势和国内情况惊涛骇浪的风险考验中,中国共产党逐步加深了对改革开放的理解,对中国特色社会主义事业的认知变得更加清醒、更加自觉和更加成熟。

改革开放的伟大觉醒,是党在思想理论上的首先觉醒。1978年,邓小平领导和推动了实践是检验真理唯一标准的大讨论,这是一场关于什么是真理标准的思想大讨论,是党在思想理论上的伟大觉醒,成为改革开放的思想先声。邓小平特别强调解放思想的重要性,他在中央工作会议上振聋发聩地提出:"一个党,一个国家,一个民族,如果一切从本本出发,思想僵化,迷信盛行,那它就不能前进,它的生机就停止了,就要亡党亡国。"思想的束缚一经打破,我们的党就展现出非凡的理论勇气和惊人的理论创造能力,社会主义初级阶段理论、社会主义市场经济理论、小康社会、和谐社会、"五位一体总体布局"……在实践中有了一次又一次重大思想观点的形成,一个又一个重大战略构想的提出。我们的党在思想理论上不断创新,收获了邓小平理论、"三个代表"重要思想、科学发展观等一个又一个阶段性的理论成果,这些理论成果共同搭建起中国特色社会主义理论体系，成为马克思主义中国化的最新理论成果。党在改革开放中的最根本的觉醒正是思想理论上的觉醒。

改革开放的伟大觉醒，是党对强国之路的觉醒。在党和国家面临着何去何从、如何发展的历史关头，十一届三中全会作出了历史性决策：要把党和国家工作的重心从"以阶级斗争为纲"转移到经济建设上来，进行改革、实行对外开放。自那次会议以后，改革开放就在艰难中起步、在摸索中深入推进、完成历史性突破并发展到新的历史阶段，为我国的现代化建设提供着强大动力。从农村到城市、从经济领域的改革到其他各个领域的破旧立新，全面改革的进程势不可当；从东到西，从沿海特区的设立到沿江沿边沿路开放带的设立，对外开放持续扩大深化。在探索的过程中，党借鉴世界其他国家的发展经验以及取得的优秀文明成果，对不适应生产力发展要求的生产关系和上层建筑不断变革、进行体制机制改革，在实践中逐步形成了党的基本理论、基本路线、基本纲领、基本经验，制定和作出了指导改革开放和引领社会主义现代化建设的一系列行之有效的方针政策和战略部署，成功开辟了中国特色社会主义道路。历史已经证明，改革开放是党带领人民紧跟时代前进步伐的有效策略，是坚持和发展中国特色社会主义的必由之路。

改革开放的伟大觉醒，是党对发展目标与方向的觉醒。而今我们确立了道路，坚定了方向，踏上了征程，取得了成功。回首往昔，改革开放一路走来，我们意气风发却也历经艰难险阻，我们遭遇风波洗礼却也终归和谐。在国内外的风云变幻、危机四伏中，党成功排除各种干扰，坚定不移地把握改革开放和现代化建设的方向。改革开放之初，党就提出坚持四项基本原则，在此基础上又逐步形成"一个中心、两个基本点"的基本路线，我国改革开放的方向不断校正，目标越发明晰，步伐更加坚定。以胡锦涛为代表的党的领导集体对改革开放作了集中概括："改革开放，目的就是要解放和发展社会生产力，实现国家现代化，让中国人民富裕起来，振兴伟大的中华民族；就是要推动我国社会主义制度自我完善和发展，赋予社会主义新的生机活力，建设和发展中国特色社会主义。"因而，改革开放是社会主义的自我完善和发展，我们既不是在走封闭僵化的老路，也不是在走改旗易帜的邪路，我们是走在中国特色社会主义道路上。

三十多年来,以改革开放作为发展建设的强大动力,我们国家的各项事业都取得令世人瞩目的伟大成就;中国人民的面貌、社会主义中国的面貌、中国共产党的面貌也都焕然一新;十几亿中国人民紧随时代潮流,在奔向富裕、幸福、安康的道路上大步向前;中国特色社会主义建设一片生机盎然,焕发崭新的活力。通过改革开放,我们实现了工作重点的转移,极大地调动了亿万人民的积极性、主动性、创造性,极大地解放和发展了社会生产力,推动我国以世界上少有的速度持续快速发展,给人民带来更多福祉。中国形成了对外开放的全新格局,开辟了中国特色社会主义的崭新道路。实践证明,改革开放是坚持和发展中国特色社会主义的必由之路。在今后的发展历程中,要进一步解决那些深层次的制约我国经济社会发展的矛盾和问题,坚定不移地把改革开放继续推向前进,实现科学发展。中国特色社会主义的蓬勃生命力,得益于改革开放的实行;中国的改革开放能够顺利推进,在于它是有利于发展中国特色社会主义的改革开放。

实行改革开放,更加明晰了中华民族伟大复兴梦想的前景。中华民族近代以来的梦想就是实现中华民族的伟大复兴,

"中国梦"凝聚当今中国社会的各种能量。从新中国的成立到改革开放以来，党带领全国人民不懈奋斗，正在一步步实现着我们的"中国梦"。中国正在以世所罕见的速度持续快速发展，党提出的现代化建设"三步走"的战略目标，我们已经胜利实现了前两步，正在向战略目标的第三步阔步前进。党的十八大对战略目标的第三步作了更加清晰的部署，在21世纪上半叶我们需要完成两个相互衔接的具体目标：到2020年建党100周年时全面建成小康社会，到本世纪中叶建国100周年时建成富强民主文明和谐的社会主义现代化国家，实现中华民族的伟大复兴。只要我们瞄准目标，坚定不移地把改革开放继续推进，就能排除现代化发展道路上的障碍，实现中华民族伟大复兴的"中国梦"。

实行改革开放，更加稳健地促进了人的全面发展的步伐。马克思在《共产党宣言》里这样描述未来新社会的本质，"新社会是实现人的自由的全面发展的社会，在那里，每个人的自由发展是一切人的自由发展的条件"。改革开放深刻地促进了人的全面发展，对中国产生深远影响。改革开放的三十多年，我国城乡居民的收入快速增长、财富迅速积累，人民的生活水平得到大幅度提高，社会民生得到显著改善，为促进人的全面发展创造着丰富的物质条件。与此同时，广大农村地区进行的一系列相应改革促进了农民的主体意识不断发展，更是促进了人的主体性不断增强。大量农村剩余劳动力涌入城市，成为产业工人，发展和建设城市，作为社会新的阶层体现中国特色社会主义建设者的价值。在我国的各个行业领域迅速崛起一代新人，他们用乐观自信、积极进取的优秀品质展现着中国人的精神风貌，他们是中国的希望和未来。促进人的全面发展是改革开放取得的最有价值的成果之一。

实行改革开放，使我们更加坚定了促进世界和平发展和人类文明进步的信念。中国的改革开放，对人类世界的和平发展与人类文明的进步都具有显著意义。自苏东剧变之后，世界共产主义运动进入低谷，社会主义阵营一片低迷，西方学者就此提出了历史终结的命题。现如今，二十多年过去了，社会主义事业在中国不仅没有被"终结"，反而兴旺发达、日益蓬勃发展。今天的中国，已经成为世界第二大经济体，对世界经济增长的贡献率超过20%。当国际金融危机爆发，无论发达国家如美国还是广大发展中国家都遭遇了经济发展的严寒，遇到了前所未有的困难；此时的中国迎难而上，在全球率先实现经济企稳回升，为世界经济的回复和增长作出了巨大贡献。中国高举和平发展、合作共赢的旗帜，坚持改革开放之路，对世界和平发展和人类文明进步作出了重要贡献。

改革开放是当代中国发展进步的活力之源。党的十八大强调必须继续坚持改革开放，对全面深化改革开放作出了新的部署。习近平反复强调，改革开放是中国共产党历史上一次伟大的觉醒，生发了新时期从理论到实践的伟大创造。这是一个重大的结论，深入总结了改革开放的历程，深刻阐明了伟大觉醒的深远意义，为中国人民在新的历史起点上担负起新的改革开放使命指明了方向。

"一个中心、两个基本点，是相互贯通、相互依存、不可分割的统一整体，须臾不可偏离、丝毫不可偏废，必须全面坚持、一以贯之。"我们的经济建设，以四项基本原则为政治保证，以改革开放为强大动力。离开经济建设这个中心任务，中国特色社会主义的发展就失去了物质基础；离开四项基本原则和改革开放，经济建设就会迷失方向、丧失动力。因此，"一个中心、两个基本点"是有机统一的整体，统一于中国特色社会主义的伟大实践之中。

基本路线之所以重要，在于它的三个要素在党和国家工作全局中的重要位置，邓小平对坚持这条基本路线极为重视，他再三告诫全党："基本路线要管一百年，动摇不得。只有坚持这条路线，人民才会相信你，拥护你。"

胡锦涛在党的十八大报告中重申党的十七大报告提出的"党的基本路线是党和国家的生命线"的重要论断，并且强调"必须把以经济建设为中心同四项基本原则、改革开放这两个基本点统一于中国特色社会主义伟大实践，既不妄自菲薄，也不妄自尊大，扎扎实实夺取中国特色社会主义新胜利"[①]。

四、解放和发展社会生产力

十八大报告指出："必须坚持解放和发展社会生产力。"牢牢把握这一基本要求，对于进一步筑牢国家发展繁荣、社会和谐稳定、人民幸福安康的强大物质基础有着重大的意义。

---

① 《坚定不移沿着中国特色社会主义道路前进 为全面建成小康社会而奋斗》，人民出版社2012年版，第14页、第16页、第34页。

解放和发展社会生产力是马克思主义的一个基本原理，是中国特色社会主义的根本任务，也是邓小平总结社会主义兴衰成败的经验教训后强调的一个十分重要的思想。人类社会要逐步消灭阶级之间、城乡之间、脑体劳动之间的对立和差别，保证人们的体力和智力获得充分的自由的发展和运用，离不开生产力的充分发展。历史唯物主义认为，物质资料的生产是一切社会存在和发展的基础。生产方式中最活跃最革命的因素就是生产力，生产力是决定社会发展的最终力量，也是推动社会由低级形态向高级形态发展的最终动因。建立社会主义制度，以至实现产品极大丰富、各尽所能、按需分配的共产主义社会，都是由生产力的发展所决定，这是不以人的意志为转移的客观规律。马克思主义唯物史观和社会主义学说的理论基石是科学的生产力观。早在《共产党宣言》中，马克思、恩格斯就提出："把一切生产工具集中在国家即组织成为统治阶级的无产阶级手里，并且尽可能快地增加生产力的总量。"这里所说的尽可能快地增加生产力的总量，包含着社会主义的根本任务是发展生产力的思想，就是指要尽快地发展生产力。生产力的发展作为一条主线贯穿邓小平关于社会主义发展理论的始终。后来邓小平总结我国社会主义建设的经验教训，科学地概括了社会主义的本质，明确提出了社会主义的根本任务就是发展生产力。

中国特色社会主义要赢得与资本主义相比较的优势，充分显示优越性，始终保持旺盛生机和蓬勃活力，归根到底也要靠生产力的持续健康发展。我国的社会主义是在不发达的生产力水平上建立起来的，贫穷是我国社会主义的一个不利的起点。加上"文化大革命"期间"四人帮"鼓吹"宁要贫穷的社会主义，不要富裕的资本主义"，硬把社会主义与贫穷联系在一起，似乎越穷越革命，越穷越是社会主义，以阶级斗争为纲，整个国民经济几乎到了崩溃的边缘。邓小平带领全党拨乱反正，认识到搞社会主义首先要治穷，明确指出："社会主义要消灭贫穷。贫穷不是社会主义，更不是共产主义。""社会主义初级阶段的最根本的任务就是发展生产力，社会主义的优越性归根到底要体现在它的生产力比资本主义发展得更快一些、更高一些，并且在发展生产力的基础上不断改善人民的物质文化生活。"

巩固和发展社会主义制度需要大力发展生产力，建立强大的物质基础。社会主义制度之所以优越于资本主义制度，在于它能够消灭剥削，消除两极分化，实现共同富裕；在于它最终能创造出高于资本主义和一切私有制社会的劳动生产率，不断满足人民逐步增长的物质文化生活需要。如果在一定的历史时期内，社会主义国家生产力发展的速度落后于资本主义国家，不能获得与资本主义相比较的明显优势，社会主义制度的吸引力和凝聚力就将会失去，社会主义就会处于十分被动的地位，甚至有生死存亡的危险。历史的经验教训证明，特别是近些年来社会主义国家发展的经验教训证明，社会主义国家发展速度的快慢，社会主义国家经济建设的好与不好，极大地影响着国家的政局和社会的稳定，甚至可以说是关系社会主义前途和命运的根本大事。我们曾经试图通过连绵不断的政治运动、不停顿地搞阶级斗争来巩固社会主义，实践证明这是完全错误的。当今世界社会主义和资本主义之间的对抗，体现为综合国力强弱的较量，资本主义国家占有明显优势。面对如此形势、如此挑战，社会主义只有尽快发展生产力，不断增强自己的综合国力，才能够巩固和发展社会主义，才能够最终战胜资本主义。因而，邓小平反复强调，把发展生产力放在首位是巩固和发展社会主义的根本。

　　大力发展生产力是解决社会主义主要矛盾的迫切需要。生产力和生产关系的矛盾是人类社会的基本矛盾。在社会主义社会，阶级矛盾已不是主要矛盾，社会生产和需要的矛盾就突出出来，其内涵和表现形式也发生了深刻变化。我国是一个社会主义国家，但又是一个经济文化比较落后的国家，现在仍处于社会主义的初级阶段，生产力总体水平比较低，与发达国家相比还有不小的差距；社会的物质产品还不丰富，教育、科学、文化事业还不发达，远远不能满足全体人民物质生活和文化生活的需要；人民生活还不富裕，还有相当一部分人处于贫困状态，社会主义制度的优越性还不能充分显现。因此，人民日益增长的物质文化需要同落后的社会生产之间的矛盾，是我们现阶段的主要矛盾。这个主要矛盾贯穿我国社会主义初级阶段的全部过程和社会生活的各个方面。我们的中心任务就是解决这个矛盾。现阶段解决主要矛盾的唯一途径就是大力发展生产力，把经济尽快搞上去。

　　大力发展社会主义生产力是解决中国各种问题的关键和基础。全面的社会主义社会要求全面的社会发展。社会主义现代化进程包括社会整体性的变迁和进步，体现为经济、政治、文化、社会等各个领域的全面发展。在这其中，最根本的、最具决定意义的还是生产力的巨大发展。雄厚的经济实力是实现现代化的基础，是解决一切社会问题的最根本条件。邓小平指出，现代化建设，最主要的是进行经济建设，大力发展国民经济，大力发展社会生产力。从根本上说，社会生产力的发展决定着社会生活的全面进步。生产力的巨大发展和物质文明的建设构成民主政治建设、文化强国建设以及和谐社会建设的基础条件。只有大力发展生产力，使社会的物质财富迅速积累和增加，才能实现社会全面发展和进步。

始终代表先进社会生产力的发展要求，是马克思主义先进性的本质体现。发展先进生产力是党的性质和宗旨的体现。我们党作为工人阶级的先锋队，自其建立时就是以中国先进生产力的代表走上历史舞台的。党顺应中国先进社会生产力的发展要求而产生，并把解放和发展生产力作为自己的根本任务。党的一切奋斗，归根到底都是为了解放和发展生产力；党的一切方针政策，最终都要促进生产力尤其是先进生产力的不断发展。新中国成立以后，中国共产党领导人民对农业、手工业和资本主义工商业进行社会主义改造，是从当时的实际条件出发而采取的重大举措，使得中国确立了社会主义生产关系，并在这种新的经济基础上进一步健全了社会主义上层建筑，继续解放和发展生产力。十一届三中全会以来，中国共产党又带领人民走上了改革开放的道路，解放思想、实事求是、与时俱进，调整和改革社会主义生产关系中不适应生产力发展要求的部分和环节，调整和改革社会主义上层建筑中不适应经济基础的部分和环节，其目的也在于解放和发展生产力。历届党中央始终坚持把解放和发展社会生产力作为根本任务，带领全党和全国各族人民一心一意谋发展，聚精会神搞建设，推动我国社会生产力以前所未有的速度发展起来。

中国特色社会主义制度的建立和完善、改革开放的伟大创造和实践，为我国社会生产力发展提供了根本前提，开辟了广阔道路。在整个社会主义初级阶段，发展都是解决我国所有问题的关键。

党的十八大指出："在当代中国，坚持发展是硬道理的本质要求就是坚持科学发展。"我们要适应国内外经济形势新变化，坚持以科学发展为主题，加快改变过去那种主要依靠高投入、高消耗、高排放带动发展经济的方式，以提高质量和效益作为推动经济发展的立足点。从激发各类市场主体入手，发展经济新活力；鼓励和加强创新能力，驱动经济发展新优势。通过更多依靠内需特别是消费需求拉动，更多依靠现代服务业和战略性新兴产业带动，更多依靠科技进步、劳动者素质提高、管理创新驱动，更多依靠节约资源和循环经济推动，更多依靠城乡区域发展协调互动，不断增强我国经济社会长期发展的后劲。

当前和今后一个时期，解放和发展社会生产力，推动科学发展，必须突出工作重点。通过全面深化经济体制改革，加快形成有利于科学发展的体制机制；通过推进经济结构战略性调整，着力解决制约经济持续健康发展的重大结构性问题，改善需求结构、优化产业结构、促进区域协调发展；通过全面提高开放型经济水平，不断完善互利共赢、多元平衡、安全高效的开放型经济体系，更好地利用国际国内两个市场、两种资源。

解放和发展社会生产力，坚持科学发展，就是要按照中国特色社会主义事业"五位一体"的总体布局，全面推进经济、政治、文化、社会和生态文明五个方面的建设,始终把满足人民需要、改善人民生活、激发人的潜能、实现人的价值作为发展的根本目的,把改革发展取得的各方面成果,体现在不断提高人民的生活质量和健康水平上,体现在不断提高人民思想道德素质和科学文化素质上,体现在增强人民幸福、促进人的全面发展上。

第二节 中国特色社会主义道路的总体布局

党的十八大的一个突出贡献,就是提出了建设社会主义市场经济、社会主义民主政治、社会主义先进文化、社会主义和谐社会、社会主义生态文明的协调发展道路,确立了我国经济建设、政治建设、文化建设、社会建设、生态文明建设五位一体的总体布局,丰富了中国特色社会主义总体布局的内涵,推进了中国特色社会主义事业发展的方向,使中国特色社会主义的理论和实践进入了新境界、达到了新高度,为全面建成小康社会构建了更为科学合理的框架,奠定了更为厚重的基础。

五位一体的总体布局,内涵十分丰富,是经济建设、政治建设、文化建设、社会建设、生态文明建设全面发展的总布局，蕴含着富强民主文明和谐的总目标；五位一体的总体布局，联系十分紧密，体现了社会要素与社会系统的统一，蕴含着社会结构相互依存、相互制约、相互促进的辩证关系，是社会主义现代化建设各方面相协调的总布局，是一个相辅相成的有机整体。

五位一体总布局是一个有机整体，各部分要素都在其中发挥特色功能作用。社会主义市场经济建设是总布局中的基础功能，为建设中国特色社会主义提供经济支持；社会主义民主政治建设是总布局中的保障功能，为建设中国特色社会主义提供政治支持；社会主义先进文化建设是总布局中的引领功能，为建设中国特色社会主义提供文化支持；社会主义和谐社会建设是总布局中的促进功能，为建设中国特色社会主义提供社会支持；社会主义生态文明建设是总布局中的支撑功能，为建设中国特色社会主义提供生态支持。我们应准确把握并主动运用五位一体总布局的内在规律，把各项建设的系统功能充分发挥出来。

五位一体总体布局的全面性和关联性对应着当代社会发展

的整体性和复杂性。当代社会的发展，社会各要素之间或相互促进、或相互掣肘。推进五位一体总布局和现代化建设全面进步，符合党执政兴国的基本规律，符合社会主义不断发展、长盛不衰的基本规律，符合当代世界发展趋势的基本规律。人类共同拥有一个地球，各国共同处于一个世界。社会主义中国作为世界大家庭的重要成员，理应对世界的共同繁荣与科学发展承担重要责任。

一、建设社会主义市场经济

党的十八大报告指出："要适应国内外经济形势新变化，加快形成新的经济发展方式，把推动发展的立足点转到提高质量和效益上来，着力激发各类市场主体发展新活力，着力增强创新驱动发展新动力，着力构建现代产业发展新体系，着力培育开放型经济发展新优势……不断增强长期发展后劲。"这一论述意义十分重大，在新的形势下，中国的发展必须是在科学发展观的指导下转变经济发展方式。我们只有通过改革才可以转变经济发展方式，而改革的方向是进一步完善社会主义市场经济体制。

（一）市场经济的确立

新中国成立之初，党对社会主义经济体制的理解和认识还不够成熟，认为社会主义国家必须和只能选择计划经济，市场经济是属于资本主义世界的，坚持社会主义必须排斥市场经济。幼稚的思想、错误的政策，造成我国经济发展上的重大损失，并丧失了宝贵的发展时机。探索中的失误使我们党开始反思、重新认识计划经济与市场经济，开始在理论和实践上探索社会主义经济发展的道路。

早在1979年，邓小平就指出："说市场经济只存在于资本主义社会，只有资本主义的市场经济，这肯定是不正确的。社会主义为什么不可以搞市场经济？这个不能说是资本主义。"我们是计划经济为主，也结合市场经济，但这是社会主义的市场经济。1985年，邓小平指出："社会主义与市场经济之间不存在根本矛盾。"1992年春，邓小平在南方谈话中进一步指出："计划多一点还是市场多一点，不是社会主义与资本主义的本质区别。计划经济不等于社会主义，资本主义也有计划；市场经济不等于资本主义，社会主义也有市场。计划和市场都是经济手段。"

邓小平这些关于社会主义市场经济的思想，从根本上解决了把社会主义与市场经济对立起来的思想束缚的问题，对我国经济改革产生了极大的推动作用，成为我们党制定改革方向和目标的基本理论依据。①

（二）转变经济发展方式

改革开放以来，我国经济一直保持两位数的高速增长。但既有的发展模式是一种相对粗放的、过度依赖外需的速度型发展模式。这种发展模式遵循着比较优势原理，走低成本、低价格的路线，把资源、环境、劳动力的价格压低到不能再低的程度，却并没有反映这些生产要素的稀缺程度和真实的社会成本，致使资源、环境不堪重负。当初我们在选择这种模式的时候，资源相对丰富，环境压力不大，资本相对稀缺，有着较强的外需，既有的发展模式在给定条件下具有某种必然性；然而，当经济发展到今天，既有发展模式曾经赖以存在的条件已经发生很大的变化，资源约束条件的变化要求我们不得不转变经济发展方式。

---

① 戚桂锋：《对中国改革开放的唯物史观审视》，兰州大学2010年版，第65页。

当前，我们已经实现了做大，这是既有发展模式的贡献，而现在面临的主要问题是如何做强。从一个国家经济发展的角度，纯粹经济学的立场可以把一国的经济发展分作三个阶段：即模仿—创新—世界知名品牌。我国还主要处于第一阶段，自主创新不够，世界知名品牌极少。从产业发展的逻辑顺序，一国的经济发展也可以分作三个阶段：第一阶段是研发，第二阶段是制造，第三阶段是品牌经营。我国大多产业处于制造阶段，实质性的自主知识产权不多。与发达国家的GDP构成相比，我们的知识产权产品不多，第三产业特别是其中的现代服务业所占比重还比较低，大量的是制造业，有的还处于低端；而发达国家的GDP构成中技术含量要高得多，大多是知识产权产品、文化产品、现代服务业以及其他的精细产品。所有这些，都说明我们"大"了，而没有体现"强"。

"做强"必须在科学发展观的指导下进行。我们可以尝试着提出"强"的标准：一是能不能将一些产业提升到产业链的高端，有品牌、有核心技术、有产业话语权；二是能不能靠自己的力量解决我国经济发展的关键问题，例如我们各方面的关键装备的有效解决；三是能不能摆脱资源依赖；四是产业结构能否更为科学合理，较大幅度地提高现代服务业的比重；五是能不能实现生态文明，达到可持续发展。

（三）市场经济就是创新的机器

从"大"到"强"需要转变经济发展方式。经济发展方式应当有利于创新，实现创新驱动。这就需要改革，需要进一步完善社会主义市场经济体制。

从发达国家的发展史来看，他们主要不是靠劳动密集型产业、不是靠价格低廉，而是靠质量、靠品格、靠制造品的精细、靠技术和创新实现富裕发达的。他们发展的关键在于技术创新。事实证明，市场经济就是创新的机器。创新不同于发明，创新必须接受市场的检验，必须有经济价值，必须遵循投入和产出的规律。

市场经济之所以是创新的机器，首先在于市场经济下企业之间近似于军备竞赛式的竞争。其次是市场经济下特有的企业家精神。企业家精神的要义是去发现、去感知、去想象、去认识、去捕捉和去俘获。企业家精神不光是企业家具备，也是整个民族可以具备的。企业家精神是在市场经济背景下产生的，所以我们必须健全市场经济的机制。最后是经济发展周期中危机阶段的自我淘汰和自我修正。危机逼迫着创新,只有创新才能再一次占领市场。危机是创新的杠杆,没有危机就不会有发达国家不断进步的产业结构调整和提升,这就是市场规律。

(四)处理好政府与市场的关系

胡锦涛指出:"要全面深化经济体制改革。深化改革是加快转变经济发展方式的关键。经济体制改革的核心问题是处理好政府和市场的关系,必须更加尊重市场规律,更好发挥政府作用。"这就是说,我们只有通过改革才可以转变经济发展方式,而改革的方向是进一步完善社会主义市场经济体制。

第一,政府和市场是现代市场经济体系中相互关联的两个重要组成部分。在现代市场经济体系中,政府是经济管理和宏观调控的主体,是协调涉及发展全局的重大利益的主体。市场作为桥梁把政府同各类微观经济运营主体连接起来,配置各类经济资源,是媒介产权产品和其他要素进行交换活动的基本场所。政府行为主要表现为经济管理和宏观调控,市场功能主要表现为供求、价格自发调节和自由竞争,两者相互交织、紧密关联、缺一不可。政府与市场的关系决定着市场经济体制的基本走向和运行质量。政府的管理和调控不是完美的,市场的功能也不是万能的,二者都有不足,存在局限性,需要彼此协调互补。寻求政府行为和市场功能的最佳结合点成为发展社会主义市场经济的关键,防止政府行为在调节经济、弥补市场功能失灵时自身缺位、越位或错位。建立社会主义市场经济体制并使之完善,必须解决好政府和市场的关系这一重大的理论和实践课题。

第二,正确认识市场经济条件下政府作用和市场作用的优点与局限性。发展社会主义市场经济,要以同等高度重视政府和市场的作用。政府宏观调控和经济管理应承担的主要任务是保持经济总量平衡、抑制通货膨胀、促进结构优化、维护公平正义、创造良好环境和外部条件以保证经济发展方式平稳转变、保持经济持续健康发展。对市场,要建立统一规范的现代市场体系,积极完善市场准入制度,维护有序的市场竞争秩序,保障市场对资源配置的基础性作用。但是,如果政府经济管理和宏观调控的范围、力度过大,超过了维持市场机制正常运行的合理需要,或干预方向不当、形式选择失当,则会抑制市场机制的正常运作。市场经济是一种最具效率和活力的经济运行机制和资源配置手段,拥有任何其他机制和手段无法替代的功能优势：一是市场利益的直接刺激性，可极大调动人们的积极性和创造性。二是市场经营决策的灵活性，能够较快实现供需平衡，减少资源浪费。三是市场信息的时效性，能够快速传递市场交易过程的各种信息，提高资源配置效率。但是，市场经济也有其局限性，存在着自发性、盲目性，容易引发恶性行为、排斥公共利益、催生过度垄断、导致两极分化等状况的发生。市场固有的功能存在缺陷，而这些功能缺陷仅靠市场自身力量难以克服。因此，还需要将政府作用和市场作用有机结合，彼此取长补短，共同为社会主义市场经济服务。

第三，我国经济体制既存在政府干预过度的问题，也存在"市场失灵"问题。我国社会主义市场经济体制已经基本建立并不断完善，但在政府和市场关系的处理上，仍存在许多不足，还需进一步完善政府作用和市场功能。在政府作用方面，规章制度过多过死、审批程序过多过细、政策工具选择搭配不适当、干预市场主体的行政性手段过多，这些行为都抑制了市场机制的正常运作，弱化了对公共产品生产分配的管理调节作用，影响了社会公平和民生改善。在市场功能方面，一些企业为获取高额利润对自然资源进行掠夺性开采，为节约成本又对自然排放大量未经处理的污染物，对生态环境和人民健康造成破坏性影响。我国公共服务长期处于总量不足、结构失衡状态，关系百姓切身利益的教育、医疗、养老等社会事业过度市场化发展，扭曲了利益导向。所有这些问题仍有较大改进空间，还需要我们在政府和市场关系的处理上加大力度，稳步向前。

第四，要以正确处理政府和市场关系问题为核心，推进经济体制改革。要深入学习和贯彻党的十八大精神，在对市场规律更加尊重的基础上更好地发挥政府的职能作用，统筹推进经济体制改革。要完善基本经济制度，健全现代市场体系，完善宏观调控体系，加快改革财税、金融体制，使市场和政府能够有机结合，都得到有效发挥，促进社会主义市场经济体制不断完善。

二、建设社会主义民主政治

在谈到推进政治体制改革时，胡锦涛强调，改革开放以来，我们始终把政治体制改革摆在改革发展全局的重要位置，坚定不移加以推进，取得了重大进展，成功开辟和坚持了中国特色社会主义政治发展道路。推进政治体制改革，必须坚持党的领导、人民当家做主和依法治国有机统一，发展更加广泛、更加充分的人民民主，保证人民依法实行民主选举、民主决策、民主管理、民主监督。要充分发挥法治在治理国家和社会中的重要作用，切实维护国家法治的尊严与权威，真正保障社会的公平正义，从而保证中国人民依法享有广泛权利和自由。

人民民主是我们党始终高扬的光辉旗帜。党的十八大报告把"人民民主不断扩大"作为全面建成小康社会的新目标之一，既体现了我们党对小康社会认识的不断深化和拓展，也旗帜鲜明地表达了我们党坚定不移发展更加广泛、更加充分、更加健全的人民民主的信心与决心。

制度建设带有根本性、全局性、稳定性和长期性的特点。新中国成立以来，我们党依靠人民代表大会制度、中国共产党领导的多党合作和政治协商制度、民族区域自治制度、基层群众自治制度等基本政治制度，实现了人民当家做主。要把制度建设摆在突出位置。在改革中，把坚持和完善根本政治制度同具体制度有机结合起来,把国家层面的民主制度同基层民主制度有机结合起来,构建系统完备、科学规范、运行有效的制度体系,就能充分发挥社会主义政治制度的优越性,从根本上保障人民的知情权、参与权、表达权、监督权,不断激发社会主义民主政治的旺盛活力。

任何事物都是内容与形式的统一,民主亦如此。列宁曾指出,"彻底发展民主,找出彻底发展的种种形式,用实践来检验这些形式"。当前,发展协商民主和加强民主监督,是我们丰富和完善民主形式的重点。这是由现阶段我国基本国情和历史任务决定的。发展协商民主有利于协调各方利益,化解各种矛盾,实现社会和谐。加强民主监督则是维护社会公平正义,防范和遏制腐败的有力保障。全面建成小康社会,需要不断丰富民主形式,深入推进选举民主、协商民主、自治民主、监督民主等多种形式的协调配合、优势互补,并形成合力,以保证人民依法实行民主选举、民主决策、民主管理、民主监督,让人民群众通过各种合法渠道表达民主诉求,行使民主权利。

坚持中国特色社会主义政治发展道路,不断扩大人民民主，关键是要坚持党的领导、人民当家做主、依法治国有机统一。全面推进依法治国，既是全面建成小康社会的重要内容和内在目标，又是全面建成小康社会的根本保障。历史发展表明，我们可以而且一定能够"在政治上创造比资本主义国家的民主更高更切实的民主"。

三、建设社会主义先进文化

文化，是一定社会的经济和政治在观念形态上的反映，是人类社会历史发展的积淀和产物，它既是一种社会生活方式，又是一种精神价值体系。先进文化是人类文明进步的结晶，是能够顺应人类社会发展规律，揭示人类社会未来发展方向，为人类社会文明进步提供强有力的思想保证、精神动力和智力支持的文化。江泽民明确提出："在当代中国，发展先进文化，就是发展有中国特色社会主义的文化，就是建设社会主义精神文明。"

（一）坚持社会主义先进文化的前进方向

先进文化建设可以为执政党打造坚实的精神基础，可以增强国家和民族的竞争力。

其一，先进文化对弘扬民族精神，形成民族凝聚力，有着极大的激励和促进作用。中国优秀的传统文化培养的爱国主义精神，在历史上对于中华民族的进步统一、稳定发展起到过重要的作用。今天，要实现社会主义现代化，同样离不开先进文化的凝聚和激励作用。

其二，先进文化为中国经济发展和社会全面进步提供精神动力。先进文化可以使全社会形成共同的理想和精神支柱，激励人们团结一致，克服困难，争取各项事业取得更大胜利。

其三，先进文化是中国综合国力和国际竞争力的深层支撑，也是中国共产党夯实执政基础、巩固执政地位的核心内容。只有准确把握先进文化的发展规律，不断在执政实践中提高发展先进文化的本领和能力，才能增强综合国力，提高国际竞争力，才能满足人民群众对先进文化的需求，夯实执政的文化基础。

九十多年来，我们党把马克思主义同我国文化建设的实际相结合，形成了关于文化建设的一系列重要理论成果，创造性地丰富和发展了马克思主义文化理论。在当代中国，发展社会主义先进文化，建设和谐文化，就是建设中国特色社会主义文化。要实现我国社会主义现代化建设和中华民族伟大复兴的宏伟目标，必须牢牢把握社会主义先进文化的前进方向，努力建设中国特色社会主义文化。

牢牢把握先进文化的前进方向，必须坚持马克思列宁主义、毛泽东思想、邓小平理论、"三个代表"重要思想的指导地位，全面贯彻落实科学发展观；

牢牢把握先进文化的前进方向，才能保证文化建设沿着正确方向健康发展，创造性地推进社会主义文化建设，不断满足人民群众日益增长的精神文化需求，为改革开放和现代化建设提供有力的思想保证、精神动力和智力支持；

牢牢把握先进文化的前进方向，必须全面贯彻党的文化发展方针。坚持百花齐放、百家争鸣的方针，坚持为人民服务、为社会主义服务的方向，坚持贴近实际、贴近生活、贴近群众，创新内容、创新形式、创新手段，弘扬主旋律、提倡多样化。坚持以科学态度面对民族传统文化和外来文化，在继承发扬民族优秀文化传统时体现时代精神，在立足本国文化的基础上大胆吸收世界一切优秀文化成果。

（二）社会主义核心价值体系

社会主义文化建设的根本任务是加强社会主义核心价值体系建设。社会主义核心价值体系自提出以来，得到全党全国各族人民的广泛认同，在实践中显示出了强大的生命力。党的十八大报告从战略高度提出，"扎实推进社会主义文化强国建设"对加强社会主义核心价值体系建设提出了新的更高要求。

2006年10月，在党的十六届六中全会上，胡锦涛明确提出要建设社会主义核心价值体系，在中国社会引起了广泛关注。2007年，胡锦涛又在"6·25"重要讲话中强调，"要大力建设社会主义核心价值体系，巩固全党全国人民团结奋斗的共同思想基础"。2007年底召开的党的十七大，首次将"建设社会主义核心价值体系"的理念引入报告中，提出："社会主义核心价值体系是社会主义意识形态的本质体现，要把社会主义核心价值体系融入国民教育和精神文明建设全过程，转化为人民自觉追求，增强社会主义意识形态的吸引力和凝聚力。"

任何一个社会都会出于自己的文化发展需要，提出属于自己的核心价值体系。社会主义核心价值体系决定着社会主义的制度体制、目标任务和发展模式，统摄和支配所有其他的社会主义价值目标，引领构建和谐社会、建设和谐文化的正确方向，是社会主义制度的内在精神和生命之魂。今天的中国，党领导人民进行的是中国特色社会主义现代化事业，因而当代中国的核心价值体系只能是社会主义核心价值体系。社会主义核心价值体系的基本内容有四个方面：

一是马克思主义指导思想。这是社会主义核心价值体系的灵魂。马克思主义是我们的指导思想，马克思列宁主义与中国具体实际相结合而诞生的毛泽东思想、邓小平理论、"三个代表"重要思想以及科学发展观是中国化的马克思主义。坚持以马克思列宁主义、毛泽东思想、邓小平理论、"三个代表"重要思想以及科学发展观为指导，为全国人民树立一个共同的精神支柱。

二是中国特色社会主义共同理想。中国特色社会主义是实现中华民族伟大复兴的必由之路，反映了我国最广大人民的共同愿望、共同利益和共同要求。在当代中国，只有中国特色社会主义道路，才能把各族人民、各党派团体、各社会阶层团结和凝聚起来才能实现国家的富强和人民的幸福。

三是以爱国主义为核心的民族精神和以改革创新为核心的时代精神。这是社会主义核心价值体系的精髓。以爱国主义为核心的民族精神，是中华民族生生不息、薪火相传的精神血脉，是维护国家团结统一、鼓舞各族人民奋发进取的精神支撑。以改革创新为核心的时代精神，是推动时代发展进步的强大精神动力，是当代中国人民在伟大奋斗中不断创造新辉煌的力量源泉。

四是社会主义荣辱观。荣辱观就是人们对"以什么为荣"和"以什么为耻"的看法和态度，是世界观、人生观、价值观的重要组成部分。以"八荣八耻"为主要内容的社会主义荣辱观，完美结合了中华民族传统美德、优秀革命道德与时代精神，反映了社会主义道德的基本要求，提供了社会主义市场经济条件下判断是非得失、确定价值取向和作出道德选择的基本准则。只有树立正确的荣辱观，分清是非荣辱，明辨善恶美丑，才能形成正确的价值判断和良好的道德风尚。

这四方面基本内容是一个辩证统一的有机整体，是相互联系、相互贯通的。建设社会主义核心价值体系,就是要把这四个基本要求融入国民教育和精神文明建设的全过程,融入政治、经济、文化、社会建设的各个领域,使之成为全民族奋发向上的精神力量和团结和睦的精神纽带,为构建社会主义和谐社会提供精神动力支持。

推进社会主义文化强国建设,必须把社会主义核心价值体系建设放在首位,切实抓紧抓好。

加强社会主义核心价值体系建设,是巩固全党全国各族人民团结奋斗的共同思想道德基础的迫切需要,是夺取中国特色社会主义新胜利的迫切需要,是提高国家文化软实力的迫切需要。

四、建设社会主义和谐社会

党的十八大报告提出:"必须坚持促进社会和谐。"牢牢把握这一基本要求,更加积极主动地正视矛盾、化解矛盾,对于最大限度地增加和谐因素,最大限度地减少不和谐因素,开创社会和谐人人有责、和谐社会人人共享的生动局面,具有重要意义。

(一)构建社会主义和谐社会的提出

社会主义和谐社会,是中国共产党2004年提出的一种社会发展战略目标,指的是一种和睦、融洽并且各阶层齐心协力的社会状态。2004年9月19日,在中国共产党第十六届中央委员会第四次全体会议上正式提出了"构建社会主义和谐社会"的概念。在中国,"和谐社会"便常作为这一概念的缩略语。2005年以来,中国共产党提出将"和谐社会"作为执政的战略任务,"和谐"的理念要成为建设"中国特色的社会主义"过程中的价值取向。[①]"民主法治、公平正义、诚信友爱、充满活力、安定有序、人与自然和谐相处"是和谐社会的主要内容。

民主法治,就是社会主义民主得到充分发扬,依法治国基本方略得到切实落实,各方面积极因素得到广泛调动。

公平正义,就是社会各方面利益关系得到妥善协调,人民内部矛盾和其他社会矛盾得到正确处理,社会公平和正义得到切实维护和实现。

---

① 何玉红:《城乡融合·新农村建设与和谐社会的构建:基于全球化的视角》,《咸宁学院学报》2010年版,第24页。

诚信友爱，就是全社会互帮互助，诚实守信，全体人民平等友爱、融洽相处。

充满活力，就是能够使一切有利于社会进步的创造愿望得到尊重，创造活动得到支持，创造才能得到发挥，创造成果得到肯定。

安定有序，就是社会组织机制健全，社会管理完善，社会秩序良好，人民群众安居乐业，社会保持安定团结。

人与自然和谐相处，就是生产发展，生活富裕，生态良好。

社会主义和谐社会的六个方面是相互联系、相互作用的。这六个方面既包括社会关系的和谐，也包括人与自然关系的和谐，体现了民主与法治的统一、公平与效率的统一、活力与秩序的统一、科学与人文的统一、人与自然的统一。

古往今来，无论是中国还是西方，人们一直在追求社会的平等、安定、和谐。从某种意义上说，一部人类社会历史，就是人们追求美好社会理想的历史。社会和谐，始终是古今中外人们所追求的理想状态，也是包括中国共产党在内的马克思主义政党不懈追求的社会理想。

在长期的革命、建设和改革实践中，中国共产党为促进和实现这一美好社会理想进行了艰辛探索和不懈努力。中国共产党在进行理论探索的同时，针对影响社会和谐的突出矛盾和问题，提出并实施了一系列重大战略部署和政策举措，推动社会主义和谐社会建设从"破题"走向深入。从"国家尊重和保障人权"入宪，到免征农业税，从采取措施解决拖欠农民工工资问题，到免除上亿元农村义务教育阶段学生的学杂费，各地都把以人为本的理念作为构建社会主义和谐社会蓝图的出发点和落脚点。十六大以来，中国共产党的执政"轨迹"凸显出强烈的以人为本色彩，国家将继续沿着这条轨道前进，让更多改革成果惠及百姓。十八大更是明确指出：加强社会建设，是社会和谐稳定的重要保证。必须从维护最广大人民根本利益的高度，加快健全基本公共服务体系，加强和创新社会管理，推动社会主义和谐社会建设。

（二）改善民生和加强社会建设

党的十八大报告指出，"加强社会建设，必须以保障和改善民生为重点"。胡锦涛指出，在经济发展基础上逐步提高人民物质文化生活水平，是改革开放和社会主义现代化建设的根本目的。

第一，保障和改善民生是坚持以人为本的具体体现。一是从我们党的根本宗旨看，坚持以人为本，就是坚持全心全意为人民服务，立党为公、执政为民，始终把最广大人民的根本利益作为党和国家一切工作的出发点和落脚点，坚持尊重社会发展规律与尊重人民历史地位的一致性，坚持为崇高理想奋斗与为最广大人民谋利益的一致性，坚持完成党的各项工作与实现人民利益的一致性，坚持发展为了人民、发展依靠人民、发展成果由人民共享，促进人的全面发展。二是从改革开放和社会主义现代化建设的根本目的看，坚持以人为本，就是党的一切奋斗和工作都是为了改善人民生活。要多为百姓谋取利益，多为百姓排解烦忧，更好地解决人民最关心最直接最现实的利益问题，要在教育、就业、医疗、养老、住房上取得新突破，努力推进以保障和改善民生为重点的社会建设，努力让人民过上更好生活。三是从中国特色社会主义的内在要求看，坚持以人为本，就是要加紧建设保障社会公平的制度，逐步建立社会公平保障体系，使发展成果更加公平地惠及全体人民，保障全体人民的共同奋斗朝着共同富裕方向稳步前进。

第二，保障和改善民生是促进社会和谐的重要保证。当前，我国一些影响群众生活和社会稳定的问题主要集中在民生领域：如城市工人下岗转岗、创业就业的问题；农村富余劳动力转移就业、城乡流动人口大增的问题；人口老龄化与社会养老服务不足的问题；发展差距和分配差距较大的问题等，由此引发了与人民群众切身利益密切相关的社会民生问题。想要在工作中统筹兼顾各方面的利益难度极大，但能否妥善解决这些问题，又事关社会的和谐稳定。因此，解决当前社会问题的关键，就是保障和改善民生，推进改善民生的制度安排，努力满足人民群众在教育、就业、医疗、养老等方面的基本需求。

第三，保障和改善民生是全面建成小康社会的必然要求。要在推进经济社会协调发展的过程中改善民生和发展社会事业。因为，经济发展与社会发展中的民生领域密切相关。一方面，发展经济是基础，同时要注重社会建设。另一方面，改善民生和发展社会事业，也能够成为扩大内需、拉动经济持续增长的重要动力。经济持续健康发展、全面提高人民生活要求社会发展与经济发展相协调，相应的教育、就业、社会保障等各项制度相配套。因此，党的十八大提出的新要求，到2020年，"基本公共服务均等化总体实现。全民受教育程度和创新人才培养水平明显提高，进入人才强国和人力资源强国行列，教育现代化基本实现。就业更加充分。收入分配差距缩小，中等收入群体继续扩大，扶贫对象大幅减少。社会保障全民覆盖，人人享有基本医疗卫生服务，住房保障体系基本形成，社会和谐稳定"①，努力实现"人民生活水平全面提高"。

五、建设社会主义生态文明

建设生态文明，是关系人民福祉、关乎民族未来的长远大计。党的十八大报告明确提出，"面对资源约束趋紧、环境污染严重、生态系统退化的严峻形势，必须树立尊重自然、顺应自然、保护自然的生态文明理念，把生态文明建设放在突出地位，融入经济建设、政治建设、文化建设、社会

---

① 《坚定不移沿着中国特色社会主义道路前进 为全面建成小康社会而奋斗》，人民出版社2012年版，第14页、第16页、第34页。

建设各方面和全过程。"①这是对加强生态文明建设作出的明确要求。

把生态文明建设放在突出地位，是深入贯彻落实科学发展观的根本要求。科学发展观是指导党和国家全部工作的强大思想武器。建设生态文明，坚持生产发展、生活富裕、生态良好的文明发展道路，统筹人与自然和谐发展，推动经济社会发展与资源环境相协调，形成资源节约型、环境友好型社会，使人民在良好生态环境中生产生活，实现经济社会永续发展，是科学发展观的重要内容和内在要求。深入贯彻落实科学发展观，必然要求大力推进生态文明建设，把生态文明建设放在突出地位。党的十八大报告明确指出："坚持节约资源和保护环境的基本国策，坚持节约优先、保护优先、自然恢复为主的方针，着力推进绿色发展、循环发展、低碳发展，形成节约资源和保护环境的空间格局、产业结构、生产方式、生活方式，从源头上扭转生态环境恶化趋势，为人民创造良好生产生活环境，实现中华民族永续发展，为全球

---

① 《坚定不移沿着中国特色社会主义道路前进 为全面建成小康社会而奋斗》，人民出版社2012年版，第14页、第16页、第34页。

生态安全作出贡献。"

把生态文明建设放在突出地位，是破解我国经济社会发展面临资源环境瓶颈制约的必然选择。近年来，重大环境污染事件频发，给人民群众身体健康带来危害，直接酿成社会群体性事件。环境问题已经成为群体性事件的重要诱发因素，对社会和谐稳定构成直接威胁。突破资源环境瓶颈制约，必须加快推进生态文明建设，全面认识生态文明建设的重要性、必要性、紧迫性，"把生态文明建设放在突出地位，融入经济建设、政治建设、文化建设、社会建设各方面和全过程，努力建设美丽中国，实现中华民族永续发展"。

把生态文明建设放在突出地位，是更好参与国际竞争和合作的客观需要。随着全球能源资源需求持续增长和气候变暖趋势不断加剧，未来各国围绕能源资源、气候变化、温室气体排放等生态环境问题的博弈会日趋激烈。目前我国二氧化碳排放量已居世界第一，人均排放量超过世界平均水平，发达国家要求我国减排的压力不断加大。提出把生态文明建设放在突出地位，大力推进生态文明建设，有利于增强我国在国际环境与发展领域的话语权，提升我国参与气候变化和可持续发展领域国际谈判和对话交流的位势，有效维护我国的核心利益和负责任大国的形象。

党的十八大报告把生态文明建设放在如此重要的地位加以强调，在我们党的历史上是第一次，具有极为重要的现实意义和深远的历史意义。

这是对人类文明发展潮流的积极顺应。工业文明带来了生产力的快速发展，但却为"先污染、后治理"的发展路径付出了巨大的资源环境代价，引发严重的生态危机。面对这种局面，老牌工业化国家在反思和改进，新兴工业化国家在警醒和改变，世界各国纷纷谋求超越传统工业文明局限的途径和办法，致力于绿色发展、循环发展、低碳发展。这是人类文明发展的重大转型，是一种时代潮流。我们党作为执政党，科学把握人类社会发展大势，积极借鉴国外发展经验，提出建设生态文明。这不仅是我国自身发展的需要，而且是维护世界生态安全、应对全球气候变化的需要；不仅关系中华民族长远发展，而且必将对人类文明发展产生重大影响。

这是对我国新时期发展实践的深刻总结。通过三十多年的改革开放，我国经济社会发展取得举世瞩目的成就，但也出现了一些突出矛盾和问题，特别是发达国家二百多年工业化进程中分阶段出现的人与自然不能和谐相处等问题在我国集中凸显。为应对资源约束趋紧、环境污染加剧、生态系统退化的严峻形势，我们党进行了坚持不懈且卓有成效的探索。党的十六大以后提出科学发展观，努力建设资源节约型、环境友好型社会。党的十七大提出建设生态文明，并将其作为全面建设小康社会的新要求。党的十八大对生态文明建设进行了深刻阐述，强调大力推进生态文明建设是我们党对我国改革开放以来发展实践的深刻总结，是对自然规律和人与自然关系再认识的崭新成果，必将进一步增强全民生态危机意识，推动全社会牢固树立尊重自然、顺应自然、保护自然的生态理念，妥善解决既要生产发展又要生态良好的现实难题，建设美丽中国，努力走向社会主义生态文明新时代，进而实现中华民族永续发展。

这是对人民群众日益增长的生态产品需求的及时回应。当前，随着生活水平不断提高，人民群众对环境质量、生存健康的关注度越来越高，其诉求呈现从"求温饱"到"盼环保"、从"谋生计"到"要生态"的变化趋势，要求提供清洁空气、洁净饮水、优美环境等优质生态产品的愿望越来越迫切。我们党是代表中国最广大人民根本利益的党，是坚持以人为本、执政为民的党，理应坚持"民有所呼、我有所应"。党的十八大报告专题阐述和部署生态文明建设，是我们党对人民群众日益增长的生态诉求的及时回应，必将更好地实现、维护、发展广大人民群众的生态权益。

这是对中国特色社会主义规律认识的重大升华。改革开放以来，随着实践的不断发展，我们党对中国特色社会主义规律的认识不断深化。从物质文明、精神文明"两个文明"一起抓，到经济建设、政治建设、文化建设"三位一体"，再到经济建设、政治建设、文化建设、社会建设"四位一体"，中国特色社会主义事业的内涵逐步丰富。党的十八大报告反映时代进步要求、顺应全国人民共同愿望，进一步提出生态文明建设，并将其作为中国特色社会主义事业"五位一体"总体布局的"一位"，强调把生态文明建设融入经济建设、政治建设、文化建设、社会建设各方面和全过程，进一步完善了中国特色社会主义事业总体布局，反映了我们党对中国特色社会主义规律的认识进一步深化。

第三节　中国特色社会主义道路的奋斗目标

一、促进人的全面发展，逐步实现全体人民共同富裕

这是党的十八大报告对中国特色社会主义道路增添的新内容，既有现实的针对性，顺应了人民过上更好生活的新期待，又有深刻的理论性，体现了马克思主义和社会主义的本质要求。关于人的全面发展的思想，是马克思恩格斯关于未来社会的一个重要的基本理论。他们在《共产党宣言》中指出："代替那存在着阶级和阶级对立的资产阶级旧社会的，将是这样一个联合体，在那里，每个人的自由发展是一切人的自由发展的条件。"

在新的历史条件下，江泽民结合建设中国特色社会主义的实际重新强调了这一思想，他说："我们建设有中国特色社会主义的各项事业，我们进行的一切工作，既要着眼于人民现实的物质文化生活需要，同时又要着眼于促进人民素质的提高，

也就是要努力促进人的全面发展。"胡锦涛在党的十七大报告中也将"促进人的全面发展"作为科学发展观的重要内容。

共同富裕是邓小平视为社会主义本质的东西，他说："走社会主义道路，就是要逐步实现共同富裕。"共同富裕从改革一开始就讲，将来总有一天要成为中心课题。鉴于目前我国贫富差距较大的现实，现在更加明确提出实现共同富裕的问题，如果解决不好这个问题，我们很难令人信服地证明我们是在搞社会主义，而且是真正的社会主义。坚持共同富裕方向，不仅能够表明我们党解决贫富差距过大、防止两极分化的坚定决心，更重要的是能够凝聚社会各阶层的力量创造幸福生活、实现中华民族伟大复兴。党的十八大把"逐步实现全体人民共同富裕"写到中国特色社会主义道路的理论中，目的就是使改革发展成果更多更公平惠及全体人民，保证人民过上更好生活，这就从根本上体现了科学发展观以人为本的核心立场。

（一）共同富裕是中国特色社会主义的根本原则

十八大报告明确提出："共同富裕是中国特色社会主义的根本原则"，这句话明确指出了实现共同富裕是我们社会主义建设的一个重要的原则问题，社会主义道路与共同富裕是相互支持、相互促进有着共同目标的发展道路。我们在坚持走社会主义道路的同时要坚持实现共同富裕的目标原则，而要实现共同富裕的发展目标，就要抓住其内涵和本质，采取一系列相应的策略以促使其实现。掌握共同富裕的内涵要抓住两大环节：其一是以经济建设为中心不动摇，这是实现共同富裕目标的物质基础；其二是坚持和完善以公有制为主体的多种所有制经济共同发展的经济制度，这是实现共同富裕的制度保证。

十八大的《坚定不移沿着中国特色社会主义道路前进 为全面建成小康社会而奋斗》的报告中关于经济建设方面的内容，概括来说就是要通过发展的手段，最终实现共同富裕的目标。报告在指出当前我们工作中存在的困难和问题时是这样说的："发展中不平衡、不协调、不可持续问题依然突出，科技创新能力不强，产业结构不合理，农业基础依然薄弱，资源环境约束加剧，制约科学发展的体制机制障碍较多，深化改革开放和转变经济发展方式任务艰巨；城乡区域发展差距和居民收入分配差距依然较大；社会矛盾明显增多，教育、就业、社会保障、医疗、住房、生态环境、食品药品安全、安全生产、社会治安、执法司法等关系群众切身利益的问题较多，部分群众生活比较困难。"这既指出了我们在社会发展进程中存在的诸多的关于国计民生的现实的困难和问题，从另一个侧面也表明了这些都是我们要实现共同富裕的目标所面对的相同问题。

强大的物质基础和完善的社会制度是共同富裕的基本保障。打造强大物质基础需要我们快速发展生产力，为此我们要依靠科学技术的提高，寻求重质量、重效益的发展方式；完善的制度保障就是要进一步完善和创新发展中国特色社会主义经济制度，既不能回头走过去的老路，也不能不顾原则随便地改旗易帜。十八大报告明确指出要实现共同富裕就必须坚持社会主义经济制度、坚持和完善社会主义的分配制度，把二者紧密地联系在一起不可分割。走社会主义共同富裕的道路，就必须坚持社会主义基本经济制度，而社会主义基本经济制度是什么呢？宪法明确规定："中华人民共和国的社会主义经济制度的基础是生产资料的社会主义公有制，即全民所有制和劳动群众集体所有制。社会主义公有制消灭了人剥削人的制度，实行各尽所能、按劳分配的原则。""社会主义经济制度"与"社会主义初级阶段的基本经济制度"既有共同之处又有一定的区别。初级阶段的基本经济制度主要是指：当前我国正处于社会主义初级阶段，我们要根据生产力发展的要求，实行以公有制为主体，多种所有制经济共同发展的基本经济制度。与此相对应的分配制度则是：实行以按劳分配为主体，多种分配方式并存的社会主义初级阶段的分配制度。"社会主义经济制度"是"社会主义初级阶段的基本经济制度"的基础和根本，只有坚定前者，才能有后者的推行和发展。邓小平明确指出："我们在改革中坚持了两条，一条是公有制经济始终占主体地位，一条是发展经济要走共同富裕的道路"，"只要我国经济中公有制占主体地位，就可以避免两极分化"。如果我们不能够坚持公有制的主体地位，像东欧一些国家那样搞私有化，整个社会就会出现两极分化的局面，我们共同富裕的目标也不可能实现。

（二）中国特色社会主义优越性最根本的就是实现全民共同富裕

当前我国社会具有非凡的感召力和凝聚力，从非典疫情的防控到汶川地震的救援等一些大的事件中都已显现出来了，所有这些现象都更充分地展现出了中国特色社会主义制度的优越性。实践证明，要想使广大人民群众勇往直前、无所畏惧地坚定中国特色社会主义道路，就必须让他们的尊严和利益得到保障，中国特色的社会主义制度真正地做到了这一点。中国特色社会主义制度有很多的优越性，但最根本、最重要的则是：一是人民当家做主，二是实现共同富裕。而这两点中，人民最能直接感受到的则是共同富裕。可见共同富裕是具有全局性的、根本性的特点。很简单，根据马克思主义的经济基础决定上层建筑理论，人们的经济情况必然会对其政治地位有着重要的影响。很难想象，在一个生存都难以解决的国度，人民怎能真正地行使主权？

邓小平曾说过："社会主义最大的优越性就是共同富裕，这是体现社会主义本质的一个东西。如果搞两极分化，情况就不同了，民族矛盾、区域间矛盾、阶级矛盾都会发展，相应地中央和地方的矛盾也会发展，就可能出乱子。""社会主义的目的就是要全国人民共同富裕，不是两极分化。如果我们的政策导致两极分化，我们就失败了；如果产生了什么新的资产阶级,那我们就真是走了邪路了。"①邓小平作为我党的第二代领导人,对中国社会主义发展的目标、方向及将要出现的各种问题的认知可谓清清楚楚、高瞻远瞩、一针见血。十八大精神则是站在巨人的肩膀上,进一步指出坚定中国特色社会主义道路的主要着力点,就是要缩小贫富差距、实现共同富裕。

(三)共同富裕目标的实现是一个漫长的、艰苦的过程

我国的社会主义初级阶段是一个漫长的旅程。在这一阶段,我国实行的是以公有制为主体、多种所有制经济共同发展的经济制度,与其相对应的分配制度则是以按劳分配为主体、多种分配方式并存的初级阶段的分配制度。可见,无论从初级阶段的基本经济制度还是分配制度哪个角度来说,我国共同富裕目标的实现不是在短期内就能完成的,其必然和我国当前的初级阶段发展路线一样,要经历一个漫长的、艰苦的过程,在这一过程中避免不了会出现这样那样的问题,甚至在一定程度上会出现贫富差距的现象。

---

① 《邓小平文选》第3卷,人民出版社1993年版,第110—111页。

实现共同富裕的目标需要一个长期的、按部就班的过程。实践已经证明,邓小平在改革开放之初制定的"允许和鼓励一部分地区、一部分人通过诚实劳动和合法经营先富起来"的政策是正确的。虽然这样发展会带来一定程度的贫富差距,但这些贫富差距是在可控的范围之内的,这样适度的贫富差距更有利于生产力的发展,有利于综合国力的提高,有利于人民生活水平的改善与提高。然而,我们的最终目标是实现共同富裕,所以说当前社会上存在的贫富差距只能缩小而不能扩大,更不用说像西方国家那样的两极分化了。

当前,我国的贫富差距虽然是在可控的范围之内,但收入差距拉大的现象不能不引起重视。这是社会不稳定的潜在因素,容易被国内外的敌视社会主义的一些政治势力所利用。如果贫富差距超出了可控的范围,达到两极分化的程度,人民对我们中国特色社会主义的信任度就会降低,我们党和国家多年所积聚的凝聚力和感召力也会削弱,人民群众的积极性、主动性、创造性就会受到严重打击,相应地对走中国特色社会主义道路的信念就会丧失,各种矛盾和问题都会接踵而来,我国的政权基础将会受到严重破坏。因此,我们必须高度警觉、严密关切，并尽快采取有力措施解决好当前的贫富差距问题。

（四）实现共同富裕既是长远目标也是现实工作

党的十八大精神再次指出要实现共同富裕是我们发展的目标，而要实现这个目标既要有长远的规划也要有现实的、具体的工作。我们要在坚持社会主义基本经济制度和分配制度的基础上，进一步调整国民收入分配格局，要体现出效率与公平，要更好地落实改革开放的成就使之惠及全体人民。当前我们的现实工作要做好以下几个方面：

第一，要进一步发挥公有制经济的主体地位和作用，完善社会主义初级阶段的分配制度。进一步调整好人民群众的合法收入与经济增长之间的关系、劳动报酬和劳动生产率提高之间的关系、居民收入与国民收入分配比重之间的关系等等，要做到个人收入增长与经济发展同步进行，甚至要有所超越。

第二，要尽可能地发挥多种所有制经济的创造活力，最大程度地发挥其在经济发展中的积极作用。为此，我们要保护一切经济形式的合法收入，保护各种生产要素参与社会分配的非劳动性收入，让一切的劳动、知识、专利、技术、信息、管理、资本等生产要素更加积极主动地参与经济社会发展，要不断扩大中等收入群体和规模，形成更为理想的"两头小、中间大"的橄榄型的收入分配格局。

第三，要完善和发展税收体制的改革与创新，建立更为公平的税收制度，要严厉监管和打击各种偷税、漏税、逃税等违反法律的行为，建立新的税种，对高收入群体实行有效税收调节，更新一些陈旧的不利于社会发展的税种，甚至在某些垄断行业可以引入竞争机制，以此来调节人民的收入。

第四，要严厉监管和打击各种违规违法行为，坚决取缔非法收入，以此来维护社会公平与正义。

第五，要进一步完善我国现有的社会保障制度，要做到使社会保障覆盖到人民生活的各个方面，尤其是低收入群体，要确保他们的最基本生活要求得到满足。

第六，要加强人民的社会责任感教育，尤其是一些先富起来的人要勇于承担更多的社会责任。鼓励人们积极参与各种社会捐助活动，还要落实一些具体政策，鼓励社会闲散资金参与和发展社会慈善事业。

（五）共同富裕是一个动态的发展过程，共同富裕不是均等富裕

从人们的生活水平来看，即使我们实现了共同富裕的目标，人们之间的富裕程度和富裕水平也会存在差异。另外，由于会有各种主客观因素的影响，不同群体之间的富裕程度也不会是一直不变的，是会有流动和转化的。从经济发展进程的角度来看，在社会主义社会的发展路途中，人们的共同富裕的进程也将伴随着生产力的发展以及物质财富的不断积累而逐步获得提升和突破。由此我们可以断定，我国共同富裕目标的实现必然要经历由初级到中级再到高级的发展阶段。当前我们要实现的就是初级的共同富裕，在这一阶段，我们不可能马上实现像发达国家的那种发展水平，人均GDP超过5万美元。只要真正体现了公平与效率，按照当前社会发展水平，我们在人均收入达到1.5万美元就可以进入初级阶段了。而中、高级阶段，应是在此基础上有更大更全面的提高。

在当前的社会主义初级阶段，即使贫富分化差距拉大问题得以解决，人们随着生产力的快速发展收入不断增加、日渐富裕，但由于个人禀赋、工作性质以及家庭负担的不同的影响，人们之间富裕的程度还是有所不同的。比如说，住房的大小的不同、消费水准的不同等。人们把握创造财富的机会和能力也会有差别，那些把握机会能力强、才智高的群体将会更加富裕一些，这是必然的。奖勤罚懒、能者多劳、多劳多得、不劳不得，依然是社会主义的分配原则。我们应该正确认识和尊重这些差别。

二、建设富强民主文明和谐的社会主义现代化国家

走中国特色社会主义道路，就必须目标明确。我们的总目标是实现社会主义现代化，具体表现为经济上富强、政治上民主、精神上文明、社会上和谐，也就是实现中华民族全面而伟大的复兴。这一目标的实现，从新中国成立之日起，需要用一百年左右的时间。这一目标的实现不是骤然来到的，需要先行实现我们的阶段性目标，这就是到建党一百年时全面建成小康社会。

党的十八大报告把我们过去"全面建设小康社会"的提法改为"全面建成小康社会"，一字之差，寓意深刻。其一是突

出了小康社会作为目标的含义，"建设"是一个过程，从2002年党的十六大提出全面建设小康社会开始，我们所做的事情就已经是建设。而"建成"是一个节点，是一个成果，是到一定时间实现的事情。二是突出了实现小康社会目标的把握和信心。当一件事情我们开始做而离实现还很远的时候，我们讲建设。而当这件事情我们有把握有信心一定能够实现的时候，我们就可以讲建成。按照党的十六大提出的经济总量翻两番的目标，已经接近实现。2002年我国经济总量12万多亿元人民币，2010年达到47.3万多亿元人民币。从"建设"到"建成"，这一字之变，是个质的飞跃；这一字之变的"含金量"很高，为我们扎扎实实迈向中华民族伟大复兴提供了一个看得见、摸得着、感受得到的阶段性目标，把全面建成惠及十几亿人口的更高水平的小康社会的美好前景，更加清晰地呈现在全国人民面前，必将极大激发全国人民的奋斗热情。①

十八大报告提出了要全面建成小康社会的新要求，并作出了具体的规划和部署，体现了我们党和国家既高瞻远瞩、又立

---

① 《十八大报告中的八大关键词——专访中央政策研究室副主任施芝鸿》，《上海农村经济》2013年版，第5页。

足现实，扎扎实实地向我们的目标迈进。这种既宏伟又可行的计划对动员全体民众为之努力奋斗，起到事半功倍的效果，具有十分重要的现实意义。

（一）全面建成小康社会的时代背景

我们党站在人民的立场上，以全心全意为人民服务为宗旨，在不同时期提出和践行不同的奋斗目标，扎扎实实地解决人民群众所面临的各种问题，这是我党带领广大人民群众获得一个又一个胜利的成功经验。新民主主义革命的胜利、社会主义革命的成功等无不依赖于此。而如今进入新的发展时期，早在党的十六大召开之时，根据人民对幸福生活的追求和向往以及社会发展的实际，就提出了全面建设小康社会的伟大目标。十七大以来，根据国内外形势的发展变化，也是顺应广大人民群众对新生活的期待，我们党和国家在十六大确立的理论目标基础上对小康社会建设提出了新要求。十八大认真总结了十六大、十七大以来全面建设小康社会的经验和成就，结合国际形势的新变化和我国发展的实际，进一步认真考虑了人民群众对新生活的向往和追求，全面考量了建成小康社会所面临的各种情况和问题，确立了在现有成就的基础上，到2020年全面建成小康社会的新目标、新要求。

1. 我国自十六大以来全面建设小康社会取得的成就

自党的十六大确立了全面建设小康社会的发展目标以来，全国各族人民在中国共产党的带领下，以中国特色社会主义理论体系为指导，深入贯彻和落实科学发展观，把握机遇、奋勇拼搏，不断地朝着小康社会迈出了坚实步伐，为最终全面建成小康社会铺设了基石。十多年来，我国的经济总量已经跃升到世界的第二位，贸易进出口总额也已跃居到世界第二位，成为名副其实的世界第二大经济体，国际地位显著提升，国际话语权愈显分量。经济结构调整也获得重要突破，科技创新成果的现实转化能力不断增强。粮食生产连年增产增收，新兴产业发展壮大、竞争力明显增强。传统产业也不断升级换代，现代服务业兴旺快速发展，基础建设取得很大成效。区域发展已形成规模，城镇化进程明显加快，城镇人口比重已超过农村。自主知识产权大幅提升，创新能力明显加强：航天工程、探海工程、计算机工程都已实现了重大突破，创新型国家建设初具规模。公民政治权利、合法权益都最大程度地得以保障。文化事业发展也取得重大发展：文化体制改革、公共文化服务体系建设、文化产业化发展都在稳步进行。民生建设成效显著：减免农业税、粮食直补等政策切实得以落实，城乡居民收入和生活水准大幅提高。社会就业平稳，文教事业不断发展壮大，社会保障体系全面建成，消费结构快速升级，社会和谐稳定，生态文明建设获得极大成果。

十六大到十八大的10年来，我国的经济、政治、文化、社会、生态文明等方面的建设正在稳步推进、全面发展、成效显著。社会生产力、经济实力、科技实力等都获得了极大的突破发展；人民的生活水平、收入水平、社会保障水平也都迈上一个大台阶；综合国力、国际竞争力、国际影响力不断地增强，我国正在发生翻天覆地的变化。这10年，是我国的国际地位不断得以提升、人民生活更加幸福、社会更加稳定和谐、人民得到实惠更多的时期。

2. 建设小康社会的一系列阶段性特征

新时期，我国开始进入全面建设小康社会的加速阶段。随着小康社会建设整体发展，其明显地表现出了阶段性特征。从根本上说，这些特征和特点是与我国的社会主义初级阶段基本国情分不开的。目前，我国经济社会建设已经取得了一定成效，达到了一个新的高点，人均国内生产总值平均已经达到了5400美元，一些发展较好的地区和城市如北京、广州、上海、浙江等甚至超过了10000美元，而中西部地区则显得相对慢了一些，这些都显现了我国发展的阶段性特点。我们更应该清醒地看到，虽然我国经济社会发展已经取得了很大的成就，人民生活水平得到了很大的提高，但所有这些同人民群众的心理预期相比还存在着很大的差距，在社会发展的道路上还会出现可预知的和不可预知的诸多困难和问题。可预知的有：城乡、地区间发展不平衡问题、科技创新能力和向现实转化能力不强，产业结构急需调整，农业基础薄弱，靠天吃饭现象依然存在，资源环境破坏严重，制约社会发展的体制机制还很不健全，深化改革发展的任务还很艰巨，居民收入差距拉大现象还比较严重，社会矛盾层出不穷：教育、就业、医疗、住房、环境保护、食品安全、安全生产等关系群众切身利益的矛盾和问题依然很多，一些低收入民众生活还是比较困难，道德失范、诚信缺失的问题也比较严重，一些党员干部科学决策能力不强，部分基层组织涣散，部分党员理想信念不坚定、全心全意为人民服务的意识淡薄，以权谋私、贪污腐败、官僚主义等问题也比较严重；整肃思想、打击腐败的斗争形势依然严峻。以上所有这些问题都表明，我国社会发展在当前和今后所面临的问题是极为复杂的、矛盾是极为突出的，长期性因素和周期性因素相互叠加，各种潜在的风险难以估量。这些都是我国现时期阶段性特征的集中表现，是我国社会发展难以避免的困难和挑战。另外，我们还会遇到更多的难以预知和估量的困难和问题。对此，我们要始终保持头脑清醒、不能妄自尊大，要高度重视，积极应对。要把持好我国发展的良好势头、注重推动科学发展、注重促进社会和谐，始终坚持用改革的办法解决前进中的问题。

3. 充满机遇和挑战的外部环境和空间

当前世界正在发生极为复杂的变化，虽然说和平与发展是当今时代的主题，但是世界多极化、文化多元化、经济全球化的趋势日益明显，各个国家间的相互依存度已是非常之高，新兴经济体和后发展国家的经济实力明显增强，国际社会各种力量之间的博弈已经向有利于世界和平与稳定的方向倾斜。与此同时，随着前苏联的解体，整个世界格局已经进入深度调整期，国际政治秩序又重新开始排列，经济重心也有转移的倾向，国际间各种力量进行了重新的分化组合，新旧矛盾相互交织、各种力量相互博弈，新旧社会安全威胁问题叠加，影响整个世界发展的不确定因素增多。特别是这次全球性的金融危机以及欧债危机的深层次矛盾尚未解决，随时会卷土重来。全球经济低迷，国际贸易交流不断下降，民族保护主义不断抬头，新的风险不断地增加。但我国的综合国力显著提高，抗风险能力不断增强。所有这些都表明，2008年世界金融危机后整个国际政治经济格局处于大调整大变革时期。对我国来说，我们社会发展的外部环境和空间已发生了巨大的变化，既给我们带来了困扰也给我们带来了机遇，这样的机遇期千载难逢，我们要精心谋划、统筹发展、增强自身的实力以掌控国内和国外两个大局的发展，做到善于驾驭国内和国际各种因素带给我们的挑战和机遇，积极应对和管控自身和世界的发展局势，确保在国际竞争和博弈中赢得主动权。

（二）全面建成小康社会的丰富内涵

党的十八大报告不仅提出了到2020年全面建成小康社会的根本目标，而且结合当前我国的实际国情，具体地提出了相应地更为明确的方针政策和发展措施，以确保我国全面建成的小康社会能够得以顺利实现,把社会改革的成果真正落实到惠及十几亿人口的生活中。为实现社会主义现代化建设和中华民族伟大复兴的长远目标,我们首先要建成小康社会,这是实现宏伟目标的现实的物质基础。而要建成全面的小康社会,需要从以下五个方面加以充实和完善。

第一,要保持经济持续稳定健康发展。在我国的社会主义现代化建设和全面建成小康社会的进程中,解决所有问题依然要靠发展。在社会主义初级阶段,"发展是硬道理"是我们要始终坚守的真理,只有通过持续、稳定、健康的经济社会发展,我们的国家才会更加繁荣富强、人民安居乐业、社会和谐稳定。十八大报告指出保持经济持续健康发展要注意以下几方面内容:一是要转变经济发展方式;二是在保持现有的发展模式下,实现我们的发展翻番战略,使国内生产总值和城乡居民人均收入比2010年翻一番;三是以创新为杠杆,加快科技成果的现实转化能力,进一步促进经济持续发展,完成向创新型国家的转变与过渡;四是构建现代产业体系,促进工业、农业和服务业的现代化同步发展;五是进一步加强和落实区域发展战略,充分发挥各地区比较优势,构建区域间协调发展的机制和平台；六是进一步提高我国的改革开放水平，加大培育开放型经济，增强我国经济企业的国际竞争力。

第二，要不断扩大人民民主。建设社会主义民主始终是我们党的奋斗目标。十一届三中全会以来，我们不断总结我国民主建设的经验教训，认识到人民民主是坚持社会主义道路的根本，认识到社会主义民主就是坚持党的领导、人民当家做主、依法治国的有机统一。我们在经济体制改革的同时也要坚持政治体制改革，使其能够为经济建设保驾护航。通过探索中国特色社会主义政治改革的发展道路和方向，确保世界上最广泛的民主得以实现并且能够为其他各项改革与发展提供更为有力的政治保障。我国的政治体制改革更多的是要注重自身的发展与完善，再者还要继续扩大人民民主权利。这就要求我们在当前和以后一段时期内，进一步加强和完善党的领导、依法治国、人民当家做主之间的协调发展，使民主制度和民主形式相统一；进一步保障和健全人们的民主权利，充分发挥广大人民群众社会主义建设的积极性、主动性和创造性，坚决维护国家法律尊严、权威，使公民的自由、民主、人权得到切实尊重和保障，建成社会主义法治国家。

第三，加强社会主义文化建设。文化是一个民族、国家的血脉和精神，国家的强大需要有强大的文化实力。我们要实现民族复兴，不单单包括全面小康社会、现代化工业，还需要有更为强大的文化实力作保障，要实现物质文明和精神文明的全面发展。强大的社会主义文化实力，对于推动经济社会的发展、改善民生、促进社会和谐都起着催化剂的作用。因此，我们在进行社会主义建设进程中，要不断提高民族文化的软实力，尽可能地发挥文化教育民众、服务社会、推动经济发展的作用。十八大报告明确提出了加强社会主义文化软实力的目标与要求：一是要进一步发挥社会主义核心价值体系的精神统领作用，其作为全民族奋发向上的精神力量和团结和睦的精神纽带，定会为构建社会主义和谐社会提供精神支持。二是加强社会主义道德体系的建设，不断提高公民思想道德素质和科学文化水平，提升整个社会的文明程度，实现依法治国和以德治国相结合发展战略。三是丰富和完善人们的精神文化生活，全面建设小康社会在精神生活方面要实现文化产品的更加丰富、公共文化服务体系更为健全、文化产业更为兴旺发达。四是要不断增强中华文化国际影响力，把民族文化打造成国际文化，让世界人民都认知和接受中华文明。

第四，要全面提高人民的生活水平，让人民生活更加幸福。我国确定全面建成小康社会、促进和谐社会建设、实现中华民族伟大复兴等发展战略和目标，根本目的都在于提高人们的生活水平，让人民生活得更加幸福。要实现这样的发展目标，一是要加强基本公共服务体制建设，实现服务均等化，这是人民生活幸福与否的重要标志。二是实现教育现代化，使全民受教育程度和水平明显提高，进一步扩大受教育群体规模，走人才强国之路。三是解决好社会就业问题，这是我国民生之本的具体体现。四是缩小收入分配差距，保证中等收入群体规模持续扩大，落实好改革成果惠及到全体人民的重要任务。五是完善社会保障制度，尽早落实社会保障的全民覆盖，在医疗、住房、养老、救助等关系民众切身利益方面要格外重视。六是保持社会安稳，只有在安全稳定的社会环境中人民才能真正享受到幸福的生活。

第五，建设生态文明，建立资源节约型、环境友好型社会。建设生态文明，推动人与自然和谐发展的新格局，是实现可持续发展、提升人民生活水准、促进社会和谐稳定的基础。

改革初期，我们为自己的盲目发展已经付出了生态、环境和资源的代价。现如今，为了我们自己和子孙后代的生存发展保护好生态、环境、资源，已经成为我们急需解决的问题和要求。当前，我们在推动经济社会发展的同时，加强资源保护、环境整治、生态文明建设要从以下几方面做起：一是要规划好国土利用空间，设计和布局好主体功能区的体式格局。二是要全面促进资源循环利用和再开发工程，优化资源配置。三是要加强生态文明建设和环境保护工作的力度。降低能源消耗和二氧化碳排放量，建好各类污染防御体系。四是实施生态修复和保护规划，提高森林覆盖率，保护生态系统稳定。

这些目标要求直接关系到广大人民的切身利益，符合我们对未来美好生活向往和追求的内在要求，符合我们建设全面小康社会的实践需要和我国社会发展的实际。

（三）全面建成小康社会的鲜明特点

第一，全面建成小康社会是十六大以来我国小康社会建设战略目标的接续发展，具有目标连续性的特点，是长期发展目标与阶段性发展目标的统一，是发展目标和发展战略的统一。总的说来，全面建成小康社会是社会发展的长期性的、有战略意义的总体目标。党的十六大、十七大提出的小康社会发展目标，既勾画了中国特色社会主义建设的宏伟蓝图，又从经济、政治、文化、社会、生态文明等方面提出了具体的发展策略。当前我们在这些方面所取得的成效已经证明这个目标是符合我国国情的，符合社会发展规律的，是完全正确的社会发展策略，我们将坚定不移地为实现这个目标而努力拼搏。面对新的国内外形势的变化，十八大对小康社会建设目标进行了一定的调整和深化，提出了目标建设要适应改革深化发展的新要求，要在已经确立的总体目标基础上进一步去发展完善它，而不是另辟门户提出新的目标。

第二，要以解决现实的矛盾和问题为着力点进一步加强全面建成小康社会的建设，使小康社会的建设更具有针对性和实效性。在今后的很长时期内，我国小康社会建设中存在的突出的现实的问题是发展平衡性问题、协调性问题和持续性问题。因此我们在全面建成小康社会进程中要重点解决这些现实的突出问题。十八大报告根据我国当前社会发展的实际和这些问题的特点提出了有针对性的解决方案，即以提高发展的质量、效益、全面性和可持续性的策略解决这些问题，而不是简单地头痛医头脚痛医脚。

第三，把持续深化改革开放提升到全面建成小康社会的重要战略地位上来。未来的10年是我国社会主义社会建设进程中的关键时期，是我国改革发展的瓶颈期，也是社会矛盾和问题集中爆发期。所以，在这个时期我们要进一步坚持深化改革，坚持用改革的办法解决我们所遇到的问题。同时要进一步完善我国的基本经济制度、完善社会主义市场经济体制、社会主义民主制度等，为实现中华民族伟大复兴和全面建成小康社会的发展目标提供强大的动力支持和制度保障。十八大报告强调指出："全面建成小康社会，必须以更大的政治勇气和智慧，不失时机深化重要领域改革，坚决破除一切妨碍科学发展的思想观念和体制机制弊端，构建系统完备、科学规范、运行有效的制度体系，使各方面制度更加成熟更加定型。"[1]并明确了加强经济建设、政治建设、文化建设、社会建设、生态文明建设等领域作为深化改革的重点和突破口。

第四，把生态文明建设作为全面小康社会建设的具体目标

---

[1]《坚定不移沿着中国特色社会主义道路前进 为全面建成小康社会而奋斗》，人民出版社2012年版，第14页、第16页、第34页。

之一，体现了"五位一体"的总体布局要求。自十七大以来，党和国家就明确提出了生态文明建设的目标，随着改革的深入发展，我们已经认识到生态文明建设的重要性，并把它纳入到中国特色社会主义事业的总体布局中，使生态文明建设与经济建设、政治建设、文化建设、社会建设一起构成了中国特色社会主义事业五位一体总体布局的要求。

第五，提出了"实现国内生产总值和城乡居民人均收入比2010年翻一番"的两个"翻一番"的新要求。这两个"翻一番"既振奋人心又切实可行。十八大报告在经济建设的目标要求中，提出"在发展平衡性、协调性、可持续性明显增强的基础上，实现国内生产总值和城乡居民人均收入比2010年翻一番"。国内生产总值是能够从总体上反映出经济发展程度和水平的核心指标。党的十六大提出"在优化结构和提高效益的基础上，国内生产总值到2020年力争比2000年翻两番"。党的十七大根据我国的具体国情，将这一指标修改为"在优化结构、提高效益、降低消耗、保护环境的基础上，实现人均国内生产总值到2020年比2000年翻两番"。报告提出到2020年实现国内生产总值比2010年再翻一番，从发展情况看，只要国内生产总值保持年均增长7%就能够实现，是符合当前我国经济发展实际情况的，和"十二五"规划纲要提出的经济增长速率也是一致的。而另一个"翻一番"是实现城乡居民人均收入到2020年比2010年再翻一番，要想达到这个目标，我国城镇居民人均可支配收入需要保持每年以7%的速率增长，农村居民人均纯收入要保持每年以6.7%的速率增长，而从近几年居民收入增长的实际情况来看，这个目标的实现是可行的、有把握的。这两个翻一番的目标充分体现了党和国家以民生为先、惠民富民的政策取向，完全符合我党执政为民的理念。

到2020年全面建成小康社会是党和国家向人民作出的庄严承诺，它也承载着广大人民对未来生活的美好期盼。我们一定要按照全面建成小康社会的目标要求，兢兢业业，努力工作，确保我们自己和子孙后代都能享受到全面建成小康社会的幸福生活。

党的十八大界定的中国特色社会主义道路的科学内涵，既是我们走中国特色社会主义道路的基本要求，也是判断我们坚持中国特色社会主义的重要标准。只有坚持不懈地以此为指引，我们才能凝聚力量，攻坚克难，坚定不移沿着中国特色社会主义道路前进，共同创造中华民族更加美好的未来。

第四节　中国特色社会主义道路的四大特色

党的十八大报告指出："我们一定要毫不动摇坚持、与时俱进发展中国特色社会主义，不断丰富中国特色社会主义的实践特色、理论特色、民族特色、时代特色。"这四个特色相辅相成、紧密相连，既阐明了中国特色社会主义的基本特征，又指明了坚持和发展中国特色社会主义的根本途径，标志着十八大对中国特色社会主义的认识达到了一个新高度。

中国特色社会主义道路的成功实践不仅是中国社会进步的旗帜，更是马克思主义理论在实践中取得的成功。而它之所以在中国获得成功，根本就在于中国共产党不断地总结和汲取国际共产主义运动的经验教训，并紧密地结合我国社会的发展实际，历经将近一个世纪的探索和实践，特别是十一届三中全会以来通过改革开放获得了成功发展，形成了在马克思主义理论指导下的中国特色社会主义发展道路。这条道路既坚持了科学社会主义的发展原则，又具有鲜明的中国特色和中国风格。党在推进中国特色社会主义发展的进程中，不仅正确地把握了社会主义社会的科学内涵，而且还赋予其极具中国元素的实践特色、理论特色、民族特色和时代特色。

一、实践特色

实践是中国特色社会主义实践特色的集中表现。不断丰富中国特色社会主义的实践特色，是坚持马克思主义实践观的必然要求，是一切从实际出发，积极解决改革发展中的问题的必然要求。马克思主义理论最重要的一个特征就是它的实践观。马克思曾经这样说过："哲学家们只是用不同的方式解释世界，而问题在于改变世界。"中国特色社会主义道路就是遵循马克思主义的实践观，用它来指导中国的革命、建设和改革，它不是简单的为人们描绘未来社会的美好蓝图，而是以为人类设计、铺设到达理想社会的具体道路，破解各种社会发展难题为己任。

中国特色社会主义道路以实践为基石和动力，依靠实践、尊重实践，在实践中总结经验、改正错误、汲取营养、发展自己，并用实践作为检验真理的唯一标准。改革开放和社会主义现代化建设的伟大实践为中国特色社会主义奠定了深厚的实践基础，并赋予其鲜明的实践品格。不断丰富中国特色社会主义的实践特色，就是要从丰富多彩的实践中、从人民群众的伟大创造中汲取营养，同时结合新的实践，在回答和解决实际问题中推动实践基础上的理论创新，始终保持中国特色社会主义的生机和活力。

无论是中国特色社会主义的道路、中国特色社会主义理论，还是中国特色社会主义制度，都是在实践中形成、发展和完善起来的。在中国特色社会主义发展的进程中始终坚持人民利益至上的原则标准，这是马克思主义实践观的价值和理论延伸。中国特色社会主义始终把实践作为我们道路理论的第一标准。这个实践强调的是广大人民群众的生活实践、生产实践、科学实践。第一标准是以广大人民群众的切身利益为标准的。因此，我们党和国家验证自己的政策、制度正确与否的出发点和落脚点就是看人民的满意程度、认可程度和接受程度，把群众的利益作为检验一切工作的最高标准。

二、理论特色

不断丰富中国特色社会主义的理论特色，是坚持马克思主义科学性的必然要求，是进一步深化对中国特色社会主义规律认识的必然要求。伟大的实践孕育科学的理论，科学的理论又有力地指导伟大的实践。随着中国特色社会主义实践的不断发展，我们党的理论创新步伐不断加快。

首先，实事求是是中国特色社会主义理论的基础。实事求是、理论联系实际、一切从实际出发、实践是检验真理的唯一标准这四点是实事求是科学理论的哲学内涵。中国特色社会主义理论之所以是成功的社会发展理论，就在于它是一个能够结合本国的国情、紧密联系实际的理论，最终在社会主义建设过程中发挥了巨大的指导和引领作用。几十年来，中国特色社会主义始终强调要把马克思主义基本原理与中国实际相结合，用马克思主义的基本立场、观点和方法去分析和解决我国社会主义建设过程中遇到的各种现实问题，探索适合中国发展模式的现代化发展道路。

其次，开放与发展是中国特色社会主义理论的品格。中国特色社会主义理论坚决反对僵化，反对故步自封，提倡创新和发展，坚持马克思主义理论的指导，强调要与时俱进；它提倡开放，强调在坚持科学社会主义理论原则的同时，更要充分吸收、借鉴和优化人类文明的一切优秀成果，进而给马克思主义充实最新的理论和提供新鲜的血液。这正是中国特色社会主义理论始终走在时代的前列，保持强大的活力和鲜活的生命力之根本。

再次，民族化和大众化是中国特色社会主义理论的生命所在。所谓的民族化和大众化，是指马克思主义理论在与中国社会发展的实际相结合的过程中，不断吸收我们革命和建设过程中的成功经验以发展和完善自己，并在与中国的实际相结合过程中形成了有鲜明民族特色和风格的中国化、大众化的马克思主义理论。马克思主义与中国实际第一次结合产生的理论飞跃是毛泽东思想，第二次理论飞跃形成了中国特色社会主义理论体系。这些具有民族色彩和时代特点的理论成为指导中国社会主义建设事业的强大的思想武器。我们坚持社会主义道路，就必须坚持和发展中国特色社会主义理论体系。

坚定中国特色社会主义理论体系，首要的就是加强对我党和广大人民群众的马克思主义理论教育，发挥好其对我们伟大事业的思想指引作用，让其植根于人民群众的自觉意识之中，并指导人们的行动。我们还要不断丰富和发展我们的社会主义理论体系，要做到坚持解放思想、实事求是、与时俱进。坚决反对和杜绝各种非马克思主义思想的侵袭，要不断超越思想和思维的局限，不断推进中国特色社会主义理论的繁荣和创新，从而进一步丰富和发展这个理论体系。

三、民族特色

不断丰富中国特色社会主义的民族特色，是坚持马克思主义普遍性和特殊性相统一的必然要求，是深入推进马克思主义中国化的必然要求。

马克思主义认为，社会主义在内容上是国际的，在实践形式上则是民族的，每个国家和民族实现社会主义的具体途径是千差万别的。改革开放以来，我们坚持中国特色社会主义道路，最根本的就是从自己的历史传统和现实国情出发，从我国所处的发展阶段出发，从本民族的实际特点和需要出发，独立自主地进行创造性实践，成功走出一条既不同于西方模式又不同于苏联模式的"中国道路"，赋予中国特色社会主义鲜明的民族特色。中国特色社会主义的民族特色，集中表现为对中华民族的共同利益、民族文化的追寻与传承。

我国社会主义事业所确定的奋斗目标是中华民族最高价值的追求，是全民族共同愿望和理想的具体体现，是全民族共同利益的代表，是全国各族人民一个世纪以来前赴后继、艰苦奋斗所换来的。这条发展道路不仅继承了整个民族的优良传统和民族文化，而且也继承和传扬了民族精神，展示出了炎黄子孙的民族气概和风骨，给中国特色社会主义事业打上了深深的民族印记。我国的政治、经济、文化、社会等各项制度无不深刻地反映了中国的现状和发展趋势，既继承了历史和文化，又表现出其独特的民族风格和习惯，具有鲜明的中国特色。

不断丰富中国特色社会主义的民族特色，就是要深入推进马克思主义中国化，将科学社会主义基本原则与民族特点、民族需要、民族精神、民族传统、民族风格有机结合，熔铸到实现中华民族伟大复兴的事业中。

四、时代特色

不断丰富中国特色社会主义的时代特色,是坚持马克思主义与时俱进理论品格的必然要求,是中国特色社会主义始终保持生机活力的必然要求。马克思、恩格斯曾经说过,一切划时代的体系的真正内容都是由产生这些体系的那个时期的需要而形成起来的。时代在变化,实践在前进。对不断发展变化的时代和实践作出科学准确地判断和分析,使理论符合实际并指导新的实践,是时代赋予当代中国马克思主义的使命和责任。

时代特色是中国特色社会主义的又一大特色,是中华民族整体的世界观和时代观的具体表现。主要表现在以下几个方面:首先,中国特色社会主义道路是主动的、开放的道路。它不再实行闭关锁国政策,而是和世界上其他国家密切交流和沟通,加入了国际经济大家庭之中,坚持以开放的姿态对待自己和其他国家;它坚决反对骄傲自满、妄自尊大,坚持用世界眼光审视自己和他人,并以此制定中国特色社会主义事业的路线、方针、政策,使自己始终保持强大的发展动能。其次,中国特色社会主义道路是一条兼收并蓄、融古纳今的道路。在中国特色社会主义道路发展的进程中，它总是在不断地总结和吸取自己的经验和教训，也认真学习和借鉴其他国家的成功经验和做法，坚持用人类社会最新的理论和实践成果充实自己。再次，与时俱进是中国特色社会主义的本质属性。中国特色社会主义道路始终关注时代的发展变化，把握着时代的脉搏，不断充实和完善自己的发展战略和发展理念以适应时代的发展与变化，尽可能地使自己保持与时代同步。

新世纪新阶段，我们党站在时代发展前列，把握时代发展脉搏和主题，认真研究和回答时代课题，形成了一系列重大战略思想和举措，把以人为本、可持续发展、和谐社会建设、生态文明建设等都纳入到中国特色社会主义事业的总体布局之中。同时，把改善民生、促进公平正义、党的执政能力建设也纳入其中，赋予中国特色社会主义道路新的时代气息。中国特色社会主义的时代性就是要继续坚持解放思想、实事求是、与时俱进、求真务实，紧跟时代步伐，使我们的事业在稳步前行中充满着鲜活的时代特色。

实践特色、理论特色、民族特色、时代特色概括起来说就是马克思主义中国化理论的哲学思想的具体表现形式，是其具有强大生命力的源泉。实践特色是中国特色社会主义事业的基石，理论特色是中国特色社会主义事业的方向标，民族特色是中国特色社会主义事业的活力源，时代特色是中国特色社会主义事业的发动机，这四个特色相辅相成，相得益彰，共同构筑了中国特色社会主义事业的灵魂。

第三章 坚定中国特色社会主义道路

第一节 坚定中国特色社会主义道路的基本要求

走中国特色社会主义道路是一个漫长而又艰苦的历程,为此我们必须准备好面临重重压力和挑战,我们更要具有强大的信念坚持发展中国特色社会主义道路。在新的历史条件下,要认识到中国特色社会主义道路的长期性,并使之成为全党全国各族人民的共同信念。

一、八项基本要求

党的十八大报告对中国特色社会主义作出新的理论概括,强调在新的历史条件下,夺取中国特色社会主义新胜利,必须牢牢把握八个基本要求,分别是:必须坚持人民的主体地位,必须坚持解放和发展社会生产力,必须坚持推进改革开放,必须坚持维护社会公平正义,必须坚持走共同富裕道路,必须坚持促进社会和谐,必须坚持和平发展,必须坚持党的领导。[①]这八条,不仅条条都有强烈的现实针对性、长远指导性,而且作为全党全国人民的共同信念,必将极大地推进解放思想、改革开放,使我们凝聚力量、攻坚克难,扎扎实实夺取中国特色社会主义新胜利,奋力开拓中国特色社会主义更为广阔的发展前景。

(一)坚持人民的主体地位

人民是历史的创造者,是社会变革的推动者,是我们国家的主人翁。人民的衷心拥护和支持,人民主人翁精神的充分发挥,是中国特色社会主义必然取得胜利的不竭动力。要坚持尊重社会发展规律与尊重人民历史主体地位的一致性,坚持为崇高理想奋斗与为最广大人民谋利益的一致性,坚持完成党的各项工作与实现人民利益的一致性。我们时刻都要牢记人民群众是我们的父母,要做到心为人民所想、行为人民所用,让人

[①] 内蒙古党委宣传部理论处:《坚持和发展中国特色社会主义的政治宣言和行动纲领》,《实践》2012年版,第16页。

民群众与我们心心相连。全心全意为人民服务的宗旨不能忘,坚信人民群众是真正英雄的历史唯物主义观点不能丢。党和国家的一切工作都要聚焦于、服务于、满足于最广大人民根本利益。

中国特色社会主义民主制度是人民当家做主的根本保证。党支持和保证人民通过人民代表大会行使国家权力,依法管理国家事务和社会事务、管理经济和文化事业。我们要发展和完善政治协商和民主监督,促进我国的民主制度规范化、协作化、制度化的发展,广纳群言、广集民智,增进共识、增强合力;进一步健全基层民主制度,确保广大人民群众能够依法最广泛地享有民主权利,充分实现城市和乡村社区的公共事务和公益事业最大程度地自我管理、自我监督、自我服务功能;进一步完善权力运行机制和社会监督机制,促进政府服务功能公开化,加强对党政、司法等各领域权力的监管,让人民监督权力,让权力在阳光下运行,确保权力行使的过程成为为人民服务、对人民负责、受人民监督的过程。

中国特色社会主义是亿万人民自己的事业。新中国成立以来特别是改革开放以来我国发展取得的辉煌成就,都是全国各族人民辛勤劳动、共同创造的结果。新的征程上，要实现全面建成小康社会的目标，实现中华民族伟大复兴，更加需要全体人民积极投身这一宏伟壮丽的事业。

（二）坚持解放和发展社会生产力

今天，中国特色社会主义已经推进到了一个新的发展阶段。但是，我国的社会主义仍处于初始阶段，在新的历史条件下继续推进中国特色社会主义事业，还面临着许多新课题、新矛盾。经济持续快速增长，但发展中不平衡、不协调、不可持续问题依然突出；社会主义市场经济体制不断完善，但制约科学发展的体制机制障碍仍然较多，深化改革任重而道远；人民生活水平已上了一个大台阶，但城乡区域发展差距和居民收入差距仍然较大；保障和改善民生取得重大进展，但保障人民更加公平享有发展成果的制度还有待完善；社会创造活力普遍增强，但影响和谐稳定的各种矛盾还不少，等等。有效解决这些矛盾和问题，不断开创事业发展新局面，迫切需要我们对未来发展给出更加明确、更加清晰的理论指引。党的十八大提出的这些基本要求，正是针对当前我国经济社会发展中存在的突出问题、改革攻坚和加快转变经济发展方式面临的难点问题、干部群众普遍关注的热点问题提出来的，进一步回答了如何坚持社会主义道路和实现中华民族伟大复兴这一关键课题。认清和把握住这些节点，并使之成为我们改革的动力源，就能更好凝聚力量、攻坚克难，继续推动社会发展，提高人民生活水平和增强国家的综合国力，把握正确的前进方向，扎扎实实夺取中国特色社会主义新胜利，完成时代赋予我们的光荣使命和艰巨任务。

（三）坚持推进改革开放

社会主义社会是不断改革的社会，正如恩格斯所说，社会主义社会"不是一种一成不变的东西，而应当和任何其他社会制度一样，把它看成是经常变化和改革的社会"。我国新时期最鲜明的特点是改革开放。三十多年来，改革开放极大地调动了亿万人民的积极性、主动性、创造性，极大地解放和发展了社会生产力，推动我国以世界上少有的速度持续快速发展，给人民带来更多福祉，使社会主义在中国大地上焕发出勃勃生机。实践证明，改革开放是坚持和发展中国特色社会主义的必由之路。当前，我国发展中不平衡、不协调、不可持续问题依然突出，制约科学发展的体制障碍躲不开、绕不过，一些深层次矛盾和问题日益凸显，必须通过深化改革开放加以解决，为中国特色社会主义提供强大动力和体制保障。

要坚持社会主义市场经济的改革方向，加快完善社会主义市场经济体制，推动经济更有效率、更加公平、更可持续发展。要进一步坚持完善以公有制为主体多种所有制经济共同发展的基本经济制度。要巩固和发展壮大各种领域的公有制经济，使其实现形式多元化发展。要发展和完善我国国有企业运行机制，引导和推动社会资本更多地向基础产业、科技创新产业和服务业等重要领域流入。要进一步发挥国有经济的控制力和影响力。毫不动摇鼓励、支持、引导非公有制经济发展，要确保其依法平等使用各生产要素、公平公正地参与市场竞争，其科技创新成果及产权等受到法律保护。完善按劳分配为主体、多种分配方式并存的分配制度，完善各生产要素按贡献的大小及多少参与社会分配。进一步加快和完善以税收、社会保障、募捐、援建等再分配机制体制。进一步完善健全现代市场体系，完善市场决定价格机制，更大范围、更广领域发挥市场在资源配置中的基础性作用。健全国家计划、财政政策、货币政策等相互配合的宏观调控体系，加强宏观调控目标和政策手段机制化建设，建立有利于科学发展的财政体制和有利于结构优化、社会公平的税收制度。健全促进宏观经济稳定、支持实体经济发展的现代金融体系。改革行政审批制度和方式，做到精政减权，完善政府的宏观调控体制，推动政府职能转变，加强政府的优化环境、提升公共服务质量、维护社会公平正义的服务型功能。

进入改革攻坚期，面对前所未有的机遇和挑战，破解新的难题、化解新的风险、激发新的活力、实现新的发展，需要始终把改革创新精神贯彻到治国理政各个环节。要提高改革决策的科学性，增强改革手段的高效性，坚决摒除一切阻碍改革发展的观念行为和陈旧体制，坚决推进理论、制度、科技、文化等方面的创新和发展。要不断深化经济体制、政治体制、文化体制、社会体制、生态文明制度等方面的改革，构建系统完备、科学规范、运行有效的制度体系，促进中国特色社会主义建设的各个方面协调发展。如生产力与生产关系、社会民主与法制、经济基础与上层建筑等，不断推进我国社会主义制度的自我完善和发展。

中国特色社会主义是面向世界、面向未来的事业。当今世界是开放的世界，中国的发展离不开世界。要夺取中国特色社会主义新胜利，就必须实行更加积极的开放战略，不断拓展新的开放领域和空间，更好利用国际国内两个市场、两种资源，更好以开放促发展、促改革、促创新。通过加快转变对外经济发展方式，推动开放朝着优化结构、拓展深度、提高效益方向转变，提高利用外资的效能以及引进利用高端科学技术，推动资本利用和技术创新有机结合。加快引进来和走出去的步伐，提升企业综合优势以及增强其国际竞争能力，培育一批具有世界水平大型跨国公司。通过进一步拓展对外开放的广度和深度，加强同世界各国在文化、教育、科技、卫生等各领域的交流合作，大胆吸收和借鉴人类社会创造的一切文明成果。

（四）坚持维护社会公平正义

中国共产党自成立之日起，就把实现和维护社会公平正义作为始终不渝的价值目标。新中国成立以来特别是改革开放以来我国发展取得的巨大成就，为实现社会公平正义提供了物质基础和有利条件。随着我国社会深刻变革，影响社会公平正义的各种矛盾和问题日益突出，人民群众对党和政府维护社会公平正义的要求也越来越高。同时，由于我国还处于并将长期处于社会主义初级阶段，实现和维护社会公平正义仍然任重道远。我们要按照党的十八大精神，把维护社会公平正义作为中国特色社会主义的重大任务，摆在现代化建设更加突出的位置抓紧抓好，切实抓出成效，使全体人民能够在经济社会发展中更多更好地平等参与、平等竞争、平等发展、平等享有。

要逐步建立以权利公平、机会公平、规则公平为主要内容的社会公平保障体系，逐步实现全体公民在社会发展的各方面都享有平等的生存和发展权利；实现机会均等，为每一位社会成员提供创业发展、奉献社会、追求幸福、实现人生价值的同等机会；实现在法律、制度面前人人平等，让每一位社会成员平等地享有权利，平等地履行义务，平等地承担责任，平等地受到保护。为此，将通过加紧建设对保障社会公平正义具有重大作用的制度，进一步完善民主权利保障制度，从各层次各领域扩大公民有序政治参与，保证人民当家做主。将坚持执法为民、公正司法，加快推进司法体制和工作机制改革，建设公正、高效、权威的社会主义司法制度，发挥司法维护公平正义的职能作用。加快建立覆盖全国城乡的基本公共服务体系，调整财政收支结构，把更多财政资金投向公共服务领域，投入教育、就业、医疗、社会保障、社会治安等领域，不断增强公共产品和公共服务供给能力，提高公共服务质量和水平，解决好人民最关心的利益问题，在教育、分配、医疗、养老、住房等方面取得新进展，使公共服务成果更好惠及广大人民群众。

（五）坚持走共同富裕道路

党的十八大报告提出："必须坚持走共同富裕道路。"牢牢把握这一基本要求，对于逐步解决城乡区域发展差距和居民收入分配差距较大的问题，充分发挥中国特色社会主义优越性，具有重大意义。

邓小平在1990年就强调指出："共同致富，我们从改革一开始就讲，将来总有一天要成为中心课题。社会主义不是少数人富起来、大多数人穷，不是那个样子。"他在1992年视察南方重要谈话中提出："走社会主义道路，就是要逐步实现共同富裕。""如果富的愈来愈富，穷的愈来愈穷，两极分化就会产生，而社会主义制度就应该而且能够避免两极分化。"经过三十多年改革发展，我国在解放和发展生产力、促进共同富裕方面取得长足进展，广大人民群众从改革发展中得到越来越多的实惠，社会贫困人口大幅减少，生活水平有了不同程度提高。同时，地区之间、城乡之间、不同群体之间收入差距扩大的趋势还没有得到有效遏制，国民收入分配格局不合理，严重影响了人民群众的积极性，在发展经济的基础上促进共同富裕，已经成为发展中国特色社会主义必须认真解决好的重大现实课题。

走共同富裕道路，首先要大力解放和发展生产力。共同富裕的基础在解放和发展生产力，共同富裕的前景也在解放和发展生产力，解决收入分配差距过大问题的根本出路同样在解放和发展生产力。只有把蛋糕做大，才能为分好蛋糕提供强大物质基础。

走共同富裕道路，就要合理调整收入分配关系。正确处理效率与公平的关系，要做到初次分配注重效率的基础上兼顾公平，再次分配则要注重公平。努力实现居民收入和经济发展同步提升甚至要有所超越，实现社会分配和劳动生产率同步提升，居民收入增长幅度要有所凸显，提高劳动报酬在初次分配中的比重。建立公共资源出让收益的全民共享机制。确保民众财产性收入多元化。确保公民收入分配制度更加公正合理，公民合法收入受到法律保护，竭尽所能使低收入者收入不断增加，通过税收等手段对高收入合理调节，对非法收入要通过法律等手段严厉打击。努力解决收入分配差距较大问题，扭转分配不平衡局面，实现共同富裕。

（六）促进社会和谐

中国特色社会主义道路的本质特征之一就是社会和谐。在社会主义初级阶段，我国生产力与生产关系、经济基础与上层建筑的矛盾虽然仍是社会的基本矛盾，但这种非对抗性的矛盾，完全可以通过和平的、渐进的方式，通过有领导、有步骤、有秩序的调整和改革加以解决。

促进社会和谐，要求把保障和改善民生放在更加突出的位置，多为人民谋利益，多为人民排忧解难，解决好人民最关心的利益问题，在教育、劳动、医疗、养老、住房等方面持续取得新进展，努力让人民生活得更幸福。

促进社会和谐，要求加强和创新社会管理。围绕构建中国特色社会主义社会管理体系，加快形成党委领导、政府负责、社会协同、公众参与、法治保障的社会管理体制，加快形成政府主导、覆盖城乡、可持续的基本公共服务体系，加快形成政社分开、权责明确、依法自治的现代社会组织体制，加快形成源头治理、动态管理、应急处置相结合的社会管理机制。

促进社会和谐,要求调动全社会全民族积极性主动性创造性,团结一切可以团结的力量。贯彻尊重劳动、尊重知识、尊重人才、尊重创造的重大方针,充分发挥人民首创精神,使全社会创造能量充分释放、创新成果不断涌现、创业活动蓬勃开展。完善创新机制,保护创新热情,鼓励创新实践,宽容创新挫折,增强自主创新能力,加快建设创新型国家。大力弘扬独立自主、坚持不懈、万众一心的精神,倡导自主创业、艰苦创业、和谐创业,使我国经济社会发展始终充满旺盛的创造活力。

(七)坚持和平发展

和平发展是中国特色社会主义的必然选择。我们党领导的中国特色社会主义,是通往解放全人类、最终实现共产主义的必经阶段。我们党的性质和宗旨以及中国特色社会主义制度的本质,决定了中国不可能依靠对外扩张、依靠侵略和掠夺别的国家和民族来发展自己。中国特色社会主义是在和平与发展成为时代主题的条件下产生和发展的,必须通过和平发展来实现社会主义现代化,实现中华民族伟大复兴。邓小平一再强调中国特色社会主义"是主张和平的社会主义",其最深刻的道理就在这里。

我们坚持和平发展既是开放、合作的发展,也是共赢的发展。我国坚持对外开放的基本国策,把对内改革和对外开放结合起来,把坚持独立自主同参与经济全球化结合起来,把继承中华民族优良传统同学习借鉴人类社会一切文明成果结合起来,使我国得以充分利用国际国内两个市场、两种资源。坚持合作,重视合作,深化合作,积极以合作谋和平、促发展、化争端,不断寻找合作机会,扩大合作领域,同其他国家建立和发展不同形式的合作关系,有效应对日益增多的全球性挑战,协力解决关乎世界经济发展和人类生存进步的重大问题,使我国得以在合作中同相关地区和国家风雨同舟、利益共享、责任共担。

扩大同各方利益汇合点,是坚持和平发展的重要任务。在经济全球化条件下,各国利益相互交融,形成了更加广泛、更加系统和更可持续发展的共同利益。要超越意识形态和社会制度差异,秉持大局观念、务实精神,自觉扩大和深化双边与多边、不同层次与不同领域的利益汇合点,在追求本国利益时兼顾他国利益，建立更加平等均衡的新型全球发展伙伴关系，构建利益共同体，促进各国共同享有人类发展进步成果。

推动建设持久和平、共同繁荣的和谐世界，是坚持和平发展的重要目标，也是实现和平发展的重要条件。我们始终坚持和弘扬国际间的平等互利、互相尊重、互惠共赢的原则，促使国际间的交往能够体现公平正义，坚持用和平共处原则解决各种国际问题，反对依靠强势军力恫吓、威胁等方式解决争端问题，反对强力干涉他国合法政权，反对推行霸权主义和强权政治。我们要通过争取和平国际环境发展自己。坚持奉行和平发展外交原则以及实行独立自主外交政策，永远不称霸，永远不搞扩张，发挥负责任大国作用，以自身发展维护和促进世界和平。

（八）坚持党的领导

中国特色社会主义的领导核心是中国共产党，这是历史的选择、人民的选择，是经过长期艰苦卓绝的努力并付出巨大牺牲确立的。

坚持党的领导，就必须坚持立党为公、执政为民。始终不渝坚持马克思主义群众观点和党的群众路线，坚持人民发展中国特色社会主义的主体地位，要始终做到坚持人民利益高于一切的信念，把党和国家一切工作的出发点和落脚点落实到为人民服务的宗旨上。各项重大决策要体现出人民当家做主态势，要尊重和采纳人民群众的意见和建议，充分考虑群众的承受能力，全面评估可能影响群众利益和社会稳定的各种问题。凡是关系群众切身利益的小事，雪中送炭的好事，打基础、利长远、惠民生的难事，都要自觉主动地办、持之以恒地办、用心用情用力地办，让群众时刻感受到党和政府的关怀。凡是涉及群众反映强烈的突出问题，都要通过强化责任、健全制度、落实到人，推动有关方面形成合力，妥善加以解决，对于损害群众利益的失职渎职和违纪违法行为，要坚决查处，决不姑息。

坚持党的领导，就必须加强和改善党的领导。要改进党执政方式，坚持科学执政、民主执政、依法执政，坚持党总揽全局的领导核心作用。坚持以马克思主义科学理论为指导，不断探索和遵循共产党执政规律、社会主义建设规律、人类社会发展规律，以科学的思想、科学的制度、科学的方式，科学制定和实施党的理论和路线方针政策，科学设计、组织、开展各项执政活动。

坚持党的领导，就必须加强党的自身建设。形势的发展、事业的开拓、人民的期待，党的自身建设面临的一系列新情况新问题新挑战，都要求我们以更大的决心和勇气，兢兢业业抓党建、扎扎实实抓党建、坚持不懈抓党建。要牢牢把握加强党的执政能力建设、先进性和纯洁性建设这条主线，坚持解放思想、改革创新，坚持党要管党、从严治党，全面加强党的思想建设、组织建设、作风建设、反腐倡廉建设、制度建设，抓紧解决党内存在的突出矛盾和问题，不断增强党的自我净化、自我完善、自我革新、自我提高能力，努力建设学习型、服务型、创新型的马克思主义执政党，确保党始终成为中国特色社会主义事业的坚强领导核心。

二、八项基本要求的重要意义

（一）八项基本要求是我们党坚持和发展中国特色社会主义新鲜经验的科学总结

"八个必须"基本要求依据建党九十多年、新中国成立六十多年、改革开放三十多年，特别是党的十六大以来10年社会主义现代化建设的新鲜经验，对坚持和发展中国特色社会主义的重大理论和实践问题作出了科学总结。

科学总结了指导方针。党的十八大明确提出我们要坚定不移地高举中国特色社会主义伟大旗帜，走中国特色社会主义道路。"八个必须"基本要求从根本依靠力量、根本任务、根本动力、基本路径、本质特征、根本保证等八个方面，更加科学地总结了必须坚持的指导方针和基本要求，清晰地标注了着力点、科学地制定了"航向标"。"八个必须"基本要求是对"什么是社会主义、怎样建设社会主义"实质和真谛的科学解释，是实现社会主义现代化和中华民族伟大复兴的战略思维和科学谋划，是我们一切工作的重要指导方针。

进一步廓清了基本问题。面对世情、国情、党情的深刻变化，着眼于进行具有新的历史特点的伟大斗争。"八个必须"基本要求进一步廓清了建设中国特色社会主义的基本问题，这些问题涵盖了生产力和生产关系、经济基础和上层建筑以及经济社会发展的方方面面，同时包括了党的建设伟大工程和统筹国内国际两个大局，构成了中国特色社会主义的主体框架，使我们对坚持和发展中国特色社会主义的认识更加清晰，把握更加准确，信心更加坚定。

丰富发展了战略思想。党的基本理论、基本路线、基本纲领和基本经验是我们党在中国特色社会主义建设实践中形成的理论成果。"八个必须"基本要求在"四个基本"指导下形成，涉及经济、政治、文化、社会、生态文明和党的建设各个领域，体现了我们党在中国特色社会主义实践中形成的新的重大思想认识；"八个必须"基本要求在"四个基本"的基础上丰富发展，既有我们党一以贯之的理想信念、政治主张，也有顺应时代潮流和人民期待的新思想、新认识，它同党的基本理论、基本路线、基本纲领、基本经验一道构成"五个基本"，统一于中国特色社会主义的伟大实践，成为管全局、管方向、管长远、管根本的重大战略思想、理论路线、行动纲领的主要内容和基本原则，成为全党全国各族人民的共同信念和基本遵循。

（二）八项基本要求是我们党承前启后、继往开来的重要宣示

"八个必须"基本要求是在新的条件下中国共产党带领全国人民夺取中国特色社会主义新胜利的行动纲领，宣示了新一届党中央承前启后、继往开来，坚定不移团结和带领中国人民沿着中国特色社会主义道路阔步前行的坚强决心。

坚持中国特色社会主义道路不动摇。中国特色社会主义，承载着几代中国共产党人的理想和探索，寄托着无数仁人志士的意志和期盼，凝聚着千千万万革命先烈的奋斗和牺牲，凝聚着全国各族人民的理想和实践，是近代以来中国社会发展的必然选择，是历史和人民的正确选择。"八个必须"基本要求贯穿了高举中国特色社会主义伟大旗帜、坚持走中国特色社会主义道路的核心理念，充分表现出中国共产党坚定的道路自信、理论自信和制度自信。它向世人宣示，尽管未来充满挑战，中国既不走封闭僵化的老路、也不走改旗易帜的邪路，中国共产党将带领全国人民继续沿着中国特色社会主义道路奋勇前进。

坚持和发展中国特色社会主义不停步。中国特色社会主义伟大实践，不仅使我们国家快速发展起来，使我国人民生活水平快速提高起来，使中华民族大踏步赶上时代前进潮流、迎来伟大复兴的光明前景，而且使中国人民和中华民族为世界和平与发展作出了重大贡献。"八个必须"基本要求既是对坚持和发展中国特色社会主义的庄严宣示，也是对坚持和发展中国特色社会主义的政策制定。它向世人宣示，中国共产党将倍加珍惜、始终坚持、不断发展中国特色社会主义，全面推进经济建设、政治建设、文化建设、社会建设、生态文明建设和党的建设，不断夺取中国特色社会主义新胜利。

实现全面建成小康社会的宏伟目标不懈怠。全面建成小康社会是我们党准确把握发展重大战略机遇期提出的宏伟目标，是开辟中国特色社会主义建设新境界的实践主题。"八个必须"基本要求是夺取中国特色社会主义新胜利、实现全面建成小康社会新目标的政治纲领和行动指南。它向世人宣示，中国共产党将抓住前所未有的发展机遇，迎接前所未有的挑战，在以习近平为总书记的党中央坚强领导下，解放思想、改革创新、凝聚力量、攻坚克难，在21世纪20年代全面建成小康社会，在21世纪中叶建成富强民主文明和谐的社会主义现代化国家，实现中华民族伟大复兴的"中国梦"。

第二节　中国特色社会主义道路与"中国梦"

实现中华民族伟大复兴的"中国梦"，是近代以来中国人民的理想和追求,是中华民族近代以来最伟大的梦想。"中国梦"不是一般意义上的梦想,而是一种特定的、整体性的思想意识和目标指向,是思想意识和目标指向的高度融合统一,是中华民族万众一心、努力奋斗的共同理想。"中国梦"不只是简单的大国崛起,而是以中华民族兼济天下的博大情怀和与世界其他民族包容共生的民族文化心理为基础,表达的是中华民族要对人类有所贡献的雄心壮志。其本质植根于中华民族精神之中,基于中华民族从传统走向现代的价值追求和社会主义现代化建设的成功实践,有着鲜明的中国特色。习近平指出:实现"中国梦"必须走中国道路。改革开放以来,我们总结历史经验,经过艰辛探索,找到了实现中华民族伟大复兴的正确道路,取得了举世瞩目的发展成就。这条道路就是中国特色社会主义,这是历史的结论,也是现实的必然。

一、中国特色社会主义道路是实现"中国梦"的必由之路

道路选择决定"中国梦"能否实现:道路选择攸关党和国家事业兴衰成败,是实现"中国梦"的首要问题。道路选择正

确，民族复兴、国家发展就会步入坦途，给人民带来幸福和安康；道路选择错误，民族复兴、国家发展就会遭受挫折，给人民带来痛苦和灾难。

鸦片战争以后，面对中华大地积贫积弱的现实，魏源提出了"师夷长技以制夷"的主张，洋务派开出了"中体西用"的药方，孙中山先生喊出了"振兴中华"的口号，洋务运动、戊戌维新、辛亥革命等进行了谋求民族复兴的不断尝试。但这些主张和实践都未能改变中华民族的命运，究其根本原因，在于民族复兴道路选择的偏差。历史已经证明，不改变封建专制制度或照搬西方资本主义发展道路，不可能实现中华民族伟大复兴。

中国共产党诞生后，自觉担负起实现中华民族伟大复兴的历史重任，开始了民族复兴道路的接力探索。新民主主义革命的胜利使我们赢得了国家独立、人民解放，为实现中华民族伟大复兴创设了前提条件。新中国成立后开始的社会主义建设，为实现中华民族伟大复兴奠定了重要基础。但随后社会主义建设出现偏差和失误，又使中华民族偏离了实现伟大复兴的目标。历史再次昭示我们，选择适合中国国情的社会主义道路，对于实现中华民族伟大复兴至关重要。

改革开放之初，我们对中国特色社会主义道路的具体形式、基本特征是什么，并没有系统完备的认识。经过三十多年实践探索与经验总结，中国特色社会主义道路的基本轮廓已经形成。党的十七大报告首次对中国特色社会主义道路进行了概括，十八大报告对此作了进一步界定，丰富了中国特色社会主义道路的内涵。改革开放以来，我国经济快速发展，人民生活水平显著提高，民主政治稳步推进，文化建设日益繁荣，社会保持稳定，生态文明建设上升到总体布局的高度，综合国力、国际竞争力、国际影响力迈上新台阶，比历史上任何时期都更接近中华民族伟大复兴的目标。这些成就的取得，关键在于选择了立足中国国情、反映时代发展要求、符合人类社会发展规律的正确道路——中国特色社会主义道路。

（一）中国特色社会主义道路是实现中华民族走向伟大复兴的天路通途

中国特色社会主义道路是实现中华民族伟大复兴梦想的天路通途，也是中华民族走向繁荣昌盛正确之路。习近平总书记所提出的"中国梦"，具体来说就是要建立人民幸福、民族昌盛、国家富强、政治清明、社会和谐的社会主义现代化国家。社会主义现代化是个整体的概念，它包含着经济现代化、政治现代化、文化现代化、社会现代化、生态现代化以及人的现代化发展等各方面的内容。中国特色社会主义道路是我们通往社会主义现代化的唯一正确的道路，要做到坚持"一个中心"，即以经济建设为中心不动摇，又要在此基础上全面推进政治、文化、社会、生态等方面的建设与发展。要在不断解放和发展社会生产力的基础上，既促进人的全面发展，又坚持走共同富裕道路。可以说，中国特色社会主义道路与实现中华民族伟大复兴的本质属性是一致的，只有坚定不移地走中国特色社会主义道路，中华民族伟大复兴的梦想才能够真正实现。

走中国特色社会主义道路是实现中华民族伟大复兴的道路基础。中华民族伟大复兴是全体中华儿女的共同心声，而要达到这个目标更多的要依赖于整个民族都积极行动起来。广大人民群众是担负民族复兴的主体，无论是对整个中华民族而言，还是对公民个体而言都要担负起此项重任。正如习近平指出的："'中国梦'是民族的梦，也是每个中国人的梦。"人民群众是历史的缔造者，是推动社会变革的主体，是物质和精神财富的实践者，是推动历史前进的动能，我们的改革与建设如果没有集人民群众的智慧和力量、没有人民群众齐心协力的支持，就难以成功，中华民族伟大复兴的梦想更是难以实现。中国特色社会主义道路顺应人们对物质文化生活需求增长的期待，尊重人民对经济增长、政治民主、文化繁荣、社会和谐、生态文明发展的渴求与实践，充分显现了人民当家做主的主人翁地位。中国特色社会主义道路的畅通发展，不仅成功提升了人民生活的质量和水平，极大地保护了人民的各项权益和利益，而且使人民群众能够亲身感受到其真正的价值和魅力。可见，中国特色社会主义道路是能够最大程度地发挥人民群众的革命和建设的热情，最大程度地聚集和有效利用人民群众的智能，这是实现中华民族伟大复兴的道路基础。

中国特色社会主义道路是实现中华民族伟大复兴的领航明灯。中华民族伟大复兴是一条和平崛起之路。现今世界，各国人民都向往和追求和平，正如邓小平所说的和平与发展是当今时代主题。中国一如既往地坚持和平发展的道路，坚定不移地执行和平发展的外交政策和方针。中国特色社会主义道路是一条遵循社会发展规律的和平共处的发展道路，一方面通过打造和平的国际环境空间以发展壮大自己,另一方面又通过自身发展壮大来维护国际和平,推动整个世界的和谐发展。中国特色社会主义道路既遵循了本国的文化价值观念,又顺应了当今时代发展的期许,是实现中华民族伟大复兴的领航明灯。

(二)坚定不移地坚持和发展中国特色社会主义道路

有了正确道路的指引,我们就要毫不迟疑地向前走,坚定自己的道路自信,在中国特色社会主义道路上要不断发展和完善自己,只有这样我们的中华民族伟大复兴的"中国梦"才能早日实现。

坚定道路自信是中华民族的一种政治心态。自信是个人对自己所做各种准备的感性评估,是一种积极向上健康的心态。中华民族要实现民族复兴首要的是提升民族自信心。早在上个世纪30年代,我国的一些志士仁人最初提出民族复兴问题时,特别强调中华儿女要有信心重振民族雄风、展现民族之威。当今社会,我们要实现中华民族的伟大复兴,首要的要有民族自信心。正如此,胡锦涛在十八大报告中把实现现代化和实现中华民族伟大复兴作为我们时代发展的总任务和总目标,为此我们要有足够的自信,要坚定我们的社会主义道路、坚定社会主义理论、坚定社会主义制度。中国特色的社会主义道路，是全体中国共产党人集体智慧的结晶，是广大人民群众的实践成果，这条道路不仅解决了社会主义制度和市场经济之间的主观矛盾，而且创造性地实践了二者之间的有机结合，发展了中国特色的社会主义市场经济理论。这既改变了传统社会主义的经济发展模式，又超越了西方市场经济的发展模式，是一条具有时代特色的独特发展道路，开拓了社会主义发展的新途径，开辟了人类文明进程的新前景。

中国特色社会主义道路自身也需要进一步发展与完善。虽然近几十年我国发展十分迅速，但我国仍处于发展中国家行列，实现民族复兴的梦想十分艰巨，将会遇到许多预料得到的和难以预料到的矛盾和问题。如果不重视这些矛盾和问题，不认真解决这些问题，就会给我们民族复兴的伟大事业带来意想不到的麻烦和阻碍。因此，我们党要领导广大人民群众勇于创新、敢于突破，齐心协力地开拓和完善中国特色社会主义道路。与此同时，坚定我们的改革开放政策，使我们国家的发展能够与世界接轨，在全世界这个大的经济体中，积极汲取其他发达国家经济社会发展的经验，以预防和破解我国在发展过程中遇到的各种矛盾和问题,为我国特色社会主义添砖加瓦,使中华民族的伟大复兴能够在全世界的大舞台上展现自己的魅力。

坚定不移地走中国特色社会主义道路,我们一方面要坚决摒弃封闭僵化的老路,也不能以此为借口走改旗易帜的邪路。道路正确与否与民族复兴休戚相关,道路抉择的不稳定是民族复兴的最大障碍。回过头走过去的老路,否定改革开放以来所取得的成就;甚至脱离中国的实际一味地套用西方的发展模式,盲从西方世界所谓的普世价值观,都是背离和抛弃中国特色社会主义道路,都是对中华民族伟大复兴事业的背叛。只有持之以恒地坚定发展中国特色社会主义道路,中华民族伟大复兴事业才会取得成功。

二、"中国梦"是中国特色社会主义道路抉择的关键坐标

不同的梦想决定着不同的发展道路,实现"中国梦"一定要结合中国的社会发展实际。走中国特色的社会主义道路,"中国梦"就是中国特色社会主义前进道路上的一个坐标。

世人都说条条大路通罗马，但通往罗马的路既有坦途、也有险途，既有直达彼岸的、也有岔路迷踪的。道路的抉择是梦想能否尽早得以实现的关键所在。中华民族伟大复兴的梦想是指引我们沿着中国特色社会主义平坦大路奋勇前行的坐标、领航灯。在其指引下，我们就能够实现用数十年的时间赶超西方社会数百年所走过的路程。我们应该清醒地认识到，"中国梦"和中国特色社会主义道路之间这种相辅相成的关系，决定了中国道路是一条快速发展的赶超之路，是一条能够集中力量办大事的社会主义道路。中国道路的公有制经济的主体地位使其能够在发展道路上形成强大的统一意志和思想，把一切资源和力量都组织和调动起来，同心同德、齐心协力、统一行动、攻坚克难，快速高效地应对各种困难和挑战。在2003年的非典疫情、2008年的汶川地震、2013年的雅安地震等自然灾害面前，我们这个民族都展现了这个特点。在实现梦想的社会主义发展道路上，"中国梦"极具包容的本质使得我们的中国道路更显宽广、和谐。在中国特色的社会主义道路上，统筹兼顾、求同存异一直是我们遵循的原则，在和其他民族交流的过程中，我们一直虚心学习和借鉴其他民族的先进的有益经验，吸纳人类文明各种进步的成果。在克服不利于人民生存发展、阻碍社会创新奋进等一些不利因素方面，展现了非凡的能力。在打造和平快速发展的氛围和环境，充分调动整个社会的积极性和主动性等方面，开拓了广阔的空间，显示出了其高瞻远瞩的战略思想和优势。

鲁迅曾说过："其实地上本没有路，走的人多了，也便成了路。"中国特色社会主义道路虽然只有短短三十余年的历史，但中华儿女对这条道路的探索则可以追溯到20世纪初的中国共产党成立之时。历经九十多年艰辛探索，克服各种艰难险阻，纠正各种错误，也经历过诘难和诟病，最终寻得这一条通往理想的社会主义道路。正是这充满荆棘的探索经历让我们对这条道路更加信心百倍。不仅如此，自十二大明确提出建设有中国特色社会主义理论以来，三十几年的经济高速发展、社会稳定、人民满意的成就更是坚定了我们对这条道路的自信。三十多年来我国经济以平均每年8%的速度高速增长，已经在世界上创造了一个奇迹，2010年以来经济总量已经跃居世界第二位，13亿人口摆脱贫穷落后的生活，整体上已经达到总体小康水平。尤其是2008年美国引发的全球经济危机以来，我国经济依然是高速发展，成为带领各国走出经济危机的火车头。这些无不显示出我国经济社会发展的雄厚实力和彰显一个发展中大国的潜在世界影响力。我国三十多年来所取得的这些成就已经充分表明中国特色社会主义道路的正确性和可行性。更为重要的是，随着中国特色社会主义道路、中国特色社会主义理论、中国特色社会主义制度"三位一体"的确立，我们未来已经是一条充满阳光、充满朝气、有着明确方向的通途，已经不再需要像改革之初那样"摸着石头过河"了。

马克思曾经说过，一个社会发展主要是从过去继承下来的，而不是我们自己选定的，我们不可能躲避开这些历史和客观的因素所带来的那种既定状态。国情就是马克思所说的避不开的客观因素。任何一个国家的历史、文化、经济以及社会发展进程都是客观的、不可选择的，是既定的国情。任何国家的发展道路如果不能与其具体的历史、经济、文化等国情相结合，都难以成功，甚至会一败涂地。当今西方社会的发展道路的成功有着几百年的资本主义发展历史，更是有着上千年欧洲文化滋养以及雄厚的殖民掠夺资本。这样的发展道路，虽然在欧洲、美国能够取得成功，但不适合中国的国情和历史，在中国是不能取得成功的。毛泽东曾经说过:"中国人向西方学得很不少,但是行不通,理想总是不能实现。"结果"先生老是侵略学生"。

中国正以自己的方式崛起,实现民族复兴之梦将以独特的方式影响世界的未来。时代的强音,回响在历史的长河中;梦想的脚步,拓印在未来的征途上;追梦的中国人,将继续沿着中国特色社会主义道路昂首奋进!

三、坚定中国特色社会主义道路自信

道路是我们社会前进的方向标。胡锦涛在党的十八大报告中郑重提出坚定中国特色社会主义道路自信问题,并且把它上升到了夺取社会主义新胜利的战略高度。中国特色社会主义道路,无论是从理论上还是在社会发展的实践上都已是社会主义取得成功的必由之路,是创造和实现人民幸福生活唯一正确道路。眼下或者是未来,我们将会遇到更大更多的困难和挑战,只有坚定中国特色社会主义道路自信,才能克服各种艰难险阻完成我们国家发展的一系列的远景目标,全面建成小康社会、实现社会主义现代化、实现中华民族的伟大复兴。

（一）实践基础——九十多年的发展经验

中国特色社会主义道路，是中国共产党带领各族人民基于新中国成立以后的成功探索，并且在改革开放的过程中不断发展完善的。这条道路是遵循人类社会发展规律、顺应世界发展潮流的，是与当代中国的实际紧密相连、与时俱进的。从某种意义上来说，当代中国取得的所有成就，都是和这条道路休戚相关、同生共长的。中国的社会现实已经雄辩地证明，这条道路是实现国富民强、事业发达、人民安居乐业的伟大成功之路。这正是中国特色社会主义道路魂气之所在。

正是因为走上了中国特色的社会主义道路，中国发生了脱胎换骨的变化，人民摆脱了贫穷落后的生活面貌，综合国力和国际地位也得到了历史性地提升。自十一届三中全会以来，中国共产党第二代领导人毅然决然地实行了改革开放政策，进一步解放思想、实事求是地解放和发展生产力，使我国社会生产力获得了极大的发展空间和动力，实现了国民经济连续三十多年稳定而又高速增长，社会生产总值实现40多倍的增长，到2012年年生产总值已经超过了40万亿，国家经济总量创历史性的跃升到了世界的第二位。与此同时，社会主义民主政治建设、文化事业和文化产业也都实现了跨越式的大发展，国家应对各种自然灾害能力不断增强，应对各种国际风险和挑战的能力也都空前提高。而所有这些成就的取得，都是因为我们走上了一条广大人民群众选择的正确的社会主义道路。

正是因为走上了中国特色的社会主义道路，中国人民才开始真正过上了幸福的生活。改革开放以来，我国实行国要强民要福的发展战略，在国家发展强大的同时不断提升人民的幸福生活，尤其是在保障和改善民生方面既下足了力气又取得了丰硕的成果，创造了东方奇迹。按部就班地使人民群众从摆脱贫困到解决温饱再到实现总体小康生活的历史性跨越，并且真正落实了使改革发展的成果惠及全体人民群众的战略决策。2006年1月1日起废止《农业税条例》，意味着在中国延续两千六百多年的农业税正式走入历史。这一重大改革举措，不仅是减轻了农民的负担，更是中国政治文明的体现，它归还了广大农民平等的公民权。2006年，农村开始普及免费义务教育；2008年秋，城市也开始普及免费义务教育。对于实施了22年的义务教育政策来说，这是一块铭刻着"实至名归"字样的里程碑。当前我国正在全方位地构建世界上惠及人口最多的城乡基本养老保险体系和社会医疗保险体系。所有这些，不仅实践着改革发展的成果惠及全体人民群众的国家发展战略，对整个人类文明发展来说，也是一个巨大贡献。我国人民生活水平的大幅度改善和提升，充分证明了中国特色社会主义道路的优越性与正确性。

正是因为走上了中国特色的社会主义道路，中国的国际地位得到了全世界的认可和提升。作为一个源远流长的文明古国，中国在历史上曾经创造了古代的辉煌，然而到了近代由于妄自尊大、故步自封而一落千丈，成为被欺压侵略的对象。自鸦片战争以来，受尽了外来欺侮。而中华人民共和国的成立，使中国人民重新抬起头来做人，中国获得了新生。特别是实行改革开放以后，随着我国综合国力的不断提升，中国的国际地位也得到了世界的认可，中国再一次回到了世界舞台的中心：中国作为第三世界国家领头羊的新兴大国的国际地位和作用得到世界公认，世界各国加强和改善对中国的交流与沟通日益成为其与中国关系的主流，中国在世界上处理各种国际事务的影响力也进一步扩大，中国对解决各种重大国际问题和地区间的矛盾冲突的观点和态度也均受到各国重视，中国模式和中国声音在世界上愈加获得广泛关注。所有这一切，都植根于中国特色社会主义道路所取得的成就。

正是因为走上了中国特色的社会主义道路，中国的社会文明形态和模式呈现出旺盛的生命力。自古以来中国历经了几千年的农耕文明，形成了特有的农耕文化和地域文化。新中国成立后特别是改革开放以来，我国加强了国际间的文化交流与合作，随着社会主义市场经济在中国的确立和发展，我国的文明形态也发生了转型与创新发展，在短短的几十年内就初步实现了由传统型的农耕文明向现代化工业文明转型与升级。这种转型升级给我们古老的中华文明以新的血液和力量，增添了更加旺盛的生命斗志。从大的视野来看，我国当前所形成的新的文明形态虽然还处在初级阶段、还很不完善，但其已然成功地探索出了一条第三世界国家如何快速、稳定、有效地迈向现代化的新模式、新道路。即把社会主义发展规律、现代化发展规律以及本国已有的文明形态进行有机地结合，形成了既有民族传统又具有现代特色的一种崭新的文明发展模式。这是中华儿女在坚持中国特色社会主义道路的基础上对人类文明发展的一个独特贡献。

中国三十多年实践经验告诉我们，中国特色的社会主义道路是中华民族获得脱胎换骨发展的唯一正确之路，是中华儿女最为明智的选择。实践已经证明了这一点。从纵向发展的角度来看，改革开放后我国在政治、经济、文化、社会等方面取得的成就，毋庸置疑使我们更加坚定这条道路的正确性。从横向的角度来看，我们和东欧八国及苏联解体后这些国家的现状相比较，我们依然确信这条道路的正确性和合理性。从平行的角度来看，我们和其他走资本主义道路的后发展型国家相比，我们就更加认清这条道路的优越性。为此，我们要更加坚定中国特色社会主义道路自信心，更加坚定走中国特色社会主义道路。

（二）理论基础——社会主义的理论体系的建立

走中国特色社会主义道路是与中国特色社会主义理论分不开的，没有中国特色社会主义理论体系的指导，我们的社会主义道路就会失去方向。在踏上中国特色社会主义道路初始阶段时，社会主义理论就开始为其保驾护航。中国共产党的第二代领导人邓小平在改革之初就回答了"建设什么样的社会主义、怎样建设社会主义"这一根本性问题；紧接着第三代领导人江泽民回答了"建设什么样的党、怎样建设党"的执政党建设问题；胡锦涛又回答了"实现什么样的发展、怎样发展"等一系列重大问题。每一次回答都为我们的发展和建设提供了理论指导和战略决策，不仅使我们的道路更加畅通，而且使我们的社会主义理论愈加完善。所有这些都凝聚着几代共产党人安邦治国的经验和智慧，使我们的道路和社会主义理论体系达到了合规律性与合目的性的高度统一，全方位凸显了体现中国特色社会主义所秉持的马克思主义世界观和方法论。我们坚定走中国特色社会主义道路的底气，也在于此。

科学发展是中国特色社会主义道路的本质特征。只有这样，中国特色社会主义道路才会取得成功，为世界所瞩目所向往。对于任何一个国家或民族来说，道路选择与发展的科学性的基点，在于既要结合本国的具体国情又要遵循社会发展的规律，不能任意妄为。中国共产党在探索中国特色社会主义道路的过程中，始终是坚持把握实事求是的原则、把握科学发展的原则。事实上，我们在探索道路进程中所走的每一步无不体现出这一原则，从以"一个中心、两个基本点"为主要内容的社会主义初级阶段基本路线的确立，到明确社会主义本质和根本任务是解放和发展社会生产力，到经济、政治、文化、社会、生态"五位一体"的建设布局的确认，再到建设富强民主文明和谐的社会主义现代化国家的发展奋斗目标的提出，所有这些理论决策都是社会主义道路与中国社会发展的实际紧密结合的创举，既具有现实性又具有科学性，完全符合我国的基本国情，也体现着中国共产党的执政规律、社会主义建设规律和人类社会发展规律历史的有机的统一。正因为我们坚定社会主义发展的科学性和实际性，我们党的发展道路才做到了少走弯路、不走回头路，大踏步地向前迈进，始终以拥抱真理、坚定科学发展的姿态，走向世界发展的高峰。

尊重人民群众的社会实践是中国特色社会主义道路的核心内容。从唯物史观的角度来说，我国的社会主义道路是广大人民群众选择的结果。为此我们在建设社会主义社会的进程中，要牢牢记住人民才是历史的缔造者，我们党所做的一切都是为了人民，要尊重人民群众，要坚持发展为了人民、发展要依靠人民、社会主义建设成果要由人民分享，这是中国特色社会主义道路最核心的价值理念和追求。我们所坚持的社会主义初级阶段理论、社会主义本质理论、社会主义根本任务理论、社会主义发展战略理论、社会主义发展目标理论等，无一不是以人民利益为出发点和根本归宿的。比如社会主义发展的战略布局理论和社会主义市场经济发展理论，都是以提升和改善人民生活水平和质量为目标的；而社会主义民主政治建设，则是以进一步扩大和发展人民当家做主、参与国家管理为目标的；加强先进文化的建设，更是以解决人民精神文化需求问题为目标的；和谐社会建设是以国家安定团结、人民生活幸福为目标的；生态文明建设，体现出了人类要尊重自然、与自然和谐相处为发展目标的。人民群众是社会价值目标实践的主体。正是因为人民群众的社会实践的主体性，中国特色社会主义道路才会有更为强大的动能和力量。

时代性是中国特色社会主义道路的鲜活特征。我们知道，中国特色社会主义道路是在和平与发展这个大的时代主题的背景下，与时俱进、自我发展所开辟出来的社会主义发展道路，它最鲜明的特点就是时代性。这条道路具有非常明显的时代气息、时代步伐、时代脉搏、时代旋律。它本身就透着一股与时俱进的精神和朝气。从国际视野来看，中国特色社会主义道路与当今世界发展的潮流和趋势是相吻合的。从当前的以经济全球化为标志的国际经济交流合作、到以新科技革命为牵引的体制机制改革浪潮、到以经济科技实力为基础的综合国力竞争与发展趋势、到以价值观为核心的文化软实力融合与碰撞、到以人为本的现代文明发展的潮流等极具时代特色的国际间交流与竞争，中国特色社会主义道路都能够进行最为积极的响应和最为充分交流与沟通。正因为其具有鲜明的时代性特质，中国特色社会主义道路在面对国际间的各种机遇和挑战都始终以高昂的斗志和旺盛的生命力去回应和拼搏。

海纳百川的开放性是中国特色社会主义道路的重要特征。改革开放以来，中国特色社会主义道路从一开始就摆脱了旧有的自我封闭的发展模式，而是以海纳百川的博大胸怀去对待一切积极进步的东西，自觉以极具开放包容的品性来提升境界。中国特色社会主义道路的开放性具有积极主动勇于创新的特点。对内方面，它重新审视自身，敢于批判自己。能够充分吸收中华民族传统文化的精髓并有所创新发展。例如，对我国儒家文化中的民本思想、社会和谐思想、仁爱思想、伦理道德思想、社会公平公正思想等，都做了合理的借鉴吸收并且有所发展，提出了以人为本、社会主义和谐社会等新时代的社会发展理念。对外方面，更虚心地学习和借鉴当今世界所有其他国家和民族的优秀文明成果。可以看出，中国特色社会主义道路不仅不会背离人类文明的大道，而会以更积极的心态去融入这条人类共同文明的长河之中。不仅如此，它还会在人类文明的历史长廊中贡献自己的聪明和才智，和其他民族共创新的文明成果。正因为极具开放性的时代特质，中国特色社会主义道路才能做到集众家之所长而大成，进而成为当今世界发展先锋。

中国特色社会主义道路所具有的科学发展、尊重人民群众的社会实践、与时俱进的时代性、海纳百川的开放性的内涵特质，无一不是马克思主义世界观方法论与中国社会实际相结合的最伟大的理论成果，是马克思主义中国化的最新成果。这条道路既包含着真理的魅力，又充溢着价值的追求，是经得起任何考验的，是一条毋庸置疑的正确的社会发展道路。为此，我们当以厚重的底气坚定中国特色社会主义道路自信，这是历史的必然。

（三）现实目标——中华民族伟大复兴

中国特色社会主义道路，是已为广大人民群众所认可和接受的实现中华民族伟大复兴的必由之路，在推动中国发展进步的全部实践过程中，不断给予我们国家整体面貌的改进与提升，调整着中国与其他国家之间的战略平衡关系。在社会主义发展的进程中，中国特色社会道路必将强烈地"震撼"着整个世界，也必将使其自身的优势和威力完整地展现给整个世界。我们将怀着高度自豪感和引以为傲的心态坚定中国特色社会主义道路自信。

中国特色社会主义道路始终坚持把实现中华民族伟大复兴作为自身发展的现实目标，为此它将具有超强的政治感召力和社会影响力。实现中华民族伟大复兴，一直是中华民族自近代社会以来的夙愿，更是中国共产党的宗旨和使命。事实上，中国特色社会主义道路是中国共产党寻求中华民族复兴的唯一正确道路。这条道路自问世以来，就始终以中华民族的复兴为目标，从未改变过。但是我们要知道，中国特色社会主义道路为之所奋斗的民族复兴事业，并不是说真正地要回到中华民族古代社会的那种汉唐盛世的状态，而是要赋予其新的内涵。这个新的内涵就是要把我国建设成为富强民主文明和谐的社会主义现代化国家。这种民族复兴的创举是空前的、举世无双的。它不仅是要超越古代社会所曾达到的辉煌高度，更是要对当前西方文明的赶超。中国特色社会主义道路，始终都是以实现中华民族这种新的伟大复兴为目标的，这也正是这条道路的人民群众号召力和社会感召力的关键所在。现如今，我们已经踏上了中华民族复兴的康庄大道。随着我们社会前进的步伐，这个道路会越来越平坦、越来越宽广，越来越会成为人们称心满意的"天路"。中华儿女在其感召和动员下将会更加齐心协力地推进中华民族复兴伟大事业的发展。

这条道路不仅把民族复兴的伟大事业作为自己的目标

和发展方向，也把实现全体人民共同富裕作为自己发展的另一重大目标。共同富裕是广大人民群众的共同向往和追求，是社会主义优越于资本主义社会的根本所在，更是聚拢人心共创辉煌前程的保障。共同富裕的内涵包括富裕性和共同性两个方面。强调富裕性讲究的是效率，共同性则是讲究公平，二者不可或缺。我们国家是一个拥有世界四分之一人口的发展中国家，共同富裕的发展目标对我们来说是一个长期的、浩大的、系统的工程，开启这样的工程对我们国家来说是一个艰巨的挑战。中国人民不惧艰难，把实现共同富裕作为社会主义建设的一个根本目标并付诸实践，表明了我们社会主义道路目标的长远性和可行性，具有其他道路的不可比拟性。这条道路根据我国社会主义初级阶段国情特点，在发展的过程中既讲究效率又讲究公平并把二者有机结合起来，通过不断的解放和发展社会生产力，创造雄厚的物质财富基础，进一步加强和完善社会主义分配制度、社会保障制度，为最终实现共同富裕的发展目标提供制度保障和政策支持。三十多年来，在中国特色社会主义道路的引领下，我们在实践共同富裕的目标方面取得了一个个令人惊奇的成就，而更多的则是使人民群众紧紧地团结在党中央的周围，从而形成了非凡的强大的凝聚力。在未来的道路上，中华儿女将会团结一心、同心协力、群力群策共创美好的前程，我们共同富裕发展目标的实现也将为期不远。

中国特色社会主义道路的又一个发展目标是要促进人的全面发展。实现人的全面发展是马克思主义理论关于人的发展的最高价值理想和目标。中国特色社会主义道路始终是把未来的发展纳入自己的视野中，在发展战略布局中把促进人的全面发展放在了最高的战略高度，并为之付诸实践。这是有着全局性的战略视野，这样的战略视野无论是对我们当前的还是以后的社会发展都会具有积极正确的价值导向。人的全面发展与促进社会进步是一致的，促进人的全面发展不仅需要有丰厚的物质条件，而且还需要有与之相匹配的精神文化条件；不仅要有真正的民主政治权利，还需要有充满诚信友爱、公平正义的社会环境和空间，要有良好的人与人、人与社会、人与自然之间的和谐关系等。很明显，这条道路十分注重把人的发展和完善全方位地贯彻于社会生活实践的过程中。中国特色社会主义道路越是注重人的广度和深度的发展，其价值导向就越强。这对培育和倡导社会主义核心价值观有着积极的影响力，对构建富强、民主、文明、和谐，自由、公正、法治、诚信的全面小康社会有着举足轻重的作用。

中国特色社会主义道路对和谐世界的建构也有着重要的作用，它必将影响国际间的交往与沟通，为解决国际间的矛盾和冲突提供了崭新的模式。这条道路所倡导的坚持和平发展、互利共赢的国际外交战略准则，一方面为中国自身的发展尽可能地争取和平国际环境和空间，另一方面又以身作则来维护和促进国际间的和平与发展，并倡导通过政治对话推动国际间的持久和平、共同发展。这是一个正在和平崛起的大国所担当的国际道义和使命。我们在国际上始终积极倡导并推动各国在国际交往中取长补短、求同存异，以促进共同发展；积极倡导国际关系民主化，努力创造公正合理的国际秩序；积极推动构建平等的伙伴关系，以应对经济全球化所带来的负面效应；积极倡导各国要站在整个人类的高度，反对民族保护主义共同应对全球性危机和挑战等。所有这些都提升和扩大了中国在国际上的影响力。可以肯定，随着和谐世界的构建与发展，中国特色社会主义道路对促进人类社会文明进步将会起到越来越大的作用。

道路决定着党和国家的命脉和前途，也决定着民族的命运和人民的福祉。如果回头去走封闭僵化的老路，是死路一条；走改旗易帜的邪路，中国必乱，大好局面就会毁于一旦，同样也是死路一条。正是因为走中国特色社会主义这条道路，我们才赢得了前所未有的黄金发展期，一路高歌猛进，使中国面貌发生历史性变化，仅用几十年时间就走完西方国家一二百年才走完的发展历程，这充分印证了中国特色社会主义的优越性。当然，让十几亿人实现共同富裕，这是人类历史上从未有过的伟大构想和实践，是一项极为艰巨复杂繁重的任务，不可能一蹴而就。在前进的道路上，我们也存在问题和不足。发展中出现的问题，还得靠发展来解决，也必然会逐步得到解决。事实胜于雄辩，走中国特色社会主义道路已经给中国带来巨大成功，必将给中国带来更大成功。我们有理由也有底气有这种道路自信。

中国特色社会主义道路是一条具有鲜明特点和独特优势的强国之路、富民之路。它是中国共产党人在遵循科学社会主义基本原则的前提下,立足于中国基本国情,总结国内外社会主义建设经验,带领全国各族人民共同开辟的,这条道路既与资本主义发展道路迥异,也与其他国家社会主义的发展道路不同;既体现了社会主义的根本原则,又体现了区别于其他社会主义国家的"中国特色"。这条道路在发展的战略重点、制度保障、动力机制上具有创新性,是以经济建设为中心、坚持四项基本原则、坚持改革开放的发展之路。这条道路在发展内容、发展布局、发展路径上具有全面性,是以解放和发展生产力为根本任务,以建设社会主义市场经济、民主政治、先进文化、和谐社会和生态文明为总体布局的腾飞之路。这条道路体现了社会主义的本质要求,是以促进人的全面发展,逐步实现全体人民共同富裕,建设富强民主文明和谐的社会主义国家为发展目标的进步之路。

中国特色社会主义道路是中国人民在长期实践中,历经风雨、艰难探索开辟出来的现代化道路,必须倍加珍惜。实践证明,在经济文化落后的中国要实现国家现代化,除了走社会主义道路没有别的选择。新中国成立后,我国社会主义建设取得一系列成就,但也走过不少弯路。改革开放以来,我们走自己的路，开创了中国特色社会主义道路。经过三十多年的发展，我们取得令世人瞩目的成就，中国特色社会主义道路越走越宽广。今天的中国，经济繁荣，人民生活水平提高，综合国力增强，国际地位越来越高，国际影响越来越大。自近代以来，中国人民从来没有像今天这样国泰民安，丰衣足食，受到世人的尊重。中国特色社会主义道路经受了历史和实践的检验，得到了全党全国人民的衷心拥护，也受到越来越多的国际关注和赞誉。只有倍加珍惜、毫不动摇地坚持这条道路，才能把我国建设成为富强民主文明和谐的社会主义现代化国家，实现中华民族伟大复兴的百年梦想。

结 束 语

青年是祖国的未来、民族的希望,也是中国特色社会主义的未来和希望。青年兴则事业兴、青年强则国家强。在任何一个时代中,青年都是社会上最富有朝气、最富有创造性、最富有生命力的群体。中国特色社会主义事业是面向未来的事业,需要一代又一代有志青年接续奋斗。新的历史时期,广大青年应该做到:

第一,树立与祖国的命运和人民的意愿紧密结合的远大理想。

第二,坚持刻苦学习,努力用人类创造的一切文明成果丰富自己、增长才干,从广大人民群众中汲取智慧和力量。

第三,注重锻炼优良品德,努力做中华民族传统美德的传承者,做新道德规范的实践者和良好社会风尚的倡导者。

第四,培养创新意识和追求。千百万青年的创新实践,必将汇聚成推动我国社会主义事业向前发展的奔涌洪流。

　　第五，继续培养艰苦奋斗精神。艰苦能磨炼人，创业能造就人。青年人要时刻铭记最广大人民的根本利益，大力发扬甘于奉献和自我牺牲的崇高精神，经历风雨考验，才能真正成为社会主义事业的接班人。

　　中国特色社会主义，是我们党带领人民经过长期艰辛探索成功开辟和发展壮大的，寄托着无数仁人志士、革命先烈的理想和夙愿，其中也凝聚着一代又一代有志青年的青春热血和无私奉献。在中国特色社会主义道路上实现中华民族伟大复兴还需我们几代人、十几代人甚至几十代人坚持不懈地努力奋斗，中国特色社会主义宏伟事业将为广大青年提供更广阔的历史舞台。

参 考 文 献

1.马克思恩格斯选集（1—4卷）[M].北京：人民出版社，1995.

2.马克思恩格斯文集（1—8卷）[M].北京：人民出版社，2009.

3.列宁选集（1—4卷）[M].北京：人民出版社，1995.

4.列宁专题文集[M].北京：人民出版社，2009.

5.毛泽东选集（1—4卷）[M].北京：人民出版社，1991.

6.毛泽东文集（1—8卷）[M].北京：人民出版社，1999.

7.邓小平文选（1—3卷）[M].北京：人民出版社，1993.

8.江泽民文选（1—3卷）[M].北京：人民出版社，2006.

9.胡锦涛：高举中国特色社会主义伟大旗帜 为夺取全面建设小康社会新胜利而奋斗[M].北京：人民出版社，2007.

10.中国共产党中央委员会关于建国以来党的若干历史问题的决议[M].北京：人民出版社，1982.

11.中共中央宣传部：邓小平同志建设有中国特色社会主义理论学习纲要[M].北京：学习出版社，1995.

12.中共中央关于完善社会主义市场经济体制若干问题的决定[M].北京：人民出版社，2003.

13.中共中央关于构建社会主义和谐社会若干重大问题的决定[M].北京：人民出版社，2006.

14.江泽民：高举邓小平理论伟大旗帜，把建设有中国特色社会主义事业全面推向二十一世纪——在中国共产党第十五次全国代表大会上的报告［J］《党建》，1997.

15.江泽民：全面建设小康社会，开创中国特色社会主义事业新局面——在中国共产党第十六次全国代表大会上的报告［J］《党建》，2002.

16.胡锦涛：高举中国特色社会主义伟大旗帜 为夺取全面建设小康社会新胜利而奋斗——在中国共产党第十七次全国代表大会上的报告［J］《党建》，2007.

17.胡锦涛：坚定不移沿着中国特色社会主义道路前进 为全面建成小康社会而奋斗——在中国共产党第十八次全国代表大会上的报告［J］《党建》，2012.